[美]周蕾 著　周云龙 译

不像说母语者

作为后殖民体验的言语

Not Like a Native Speaker

On Languaging as a Postcolonial Experience

九州出版社
JIUZHOUPRESS　全国百佳图书出版单位

图书在版编目（CIP）数据

不像说母语者：作为后殖民体验的言语／（美）周蕾著；周云龙译. -- 北京：九州出版社，2024.10.（跨越丛书／刘东主编）. -- ISBN 978-7-5225-3359-9
Ⅰ.H0
中国国家版本馆CIP数据核字第2024546QY5号

NOT LIKE A NATIVE SPEAKER: On Languaging as a Postcolonial
Experience by Rey Chow
Copyright © 2014 Columbia University Press
Chinese Simplified translation copyright © 2024
by Jiuzhou Press
Published by arrangement with Columbia University Press
through Bardon Chinese Creative Agency Limited
博达创意代理有限公司
ALL RIGHTS RESERVED
著作权合同登记号：01-2024-4388

不像说母语者：作为后殖民体验的言语

作　　者	［美］周蕾 著　周云龙 译
责任编辑	唐文洁　叶淑君
出版发行	九州出版社
地　　址	北京市西城区阜外大街甲 35 号（100037）
发行电话	（010）68992190/3/5/6
网　　址	www.jiuzhoupress.com
印　　刷	北京捷迅佳彩印刷有限公司
开　　本	880 毫米 ×1230 毫米　32 开
印　　张	6.75
字　　数	128 千字
版　　次	2024 年 12 月第 1 版
印　　次	2024 年 12 月第 1 次印刷
书　　号	ISBN 978-7-5225-3359-9
定　　价	48.00 元

★版权所有　侵权必究★

《跨越丛书》总序

刘东

着手创办这套新的丛书，是为了到"跨文化"的背景下，来提示下述三重思绪的主旨，——而数十年间，它们一直是我念兹在兹、挂在嘴边的话题，无论是当年在北大的比较文学所，还是如今在浙大的中西书院。

第一重就是所谓的"**混杂性**"。不夸张地说，凡是注重于比较思维的人，或者凡是盯紧了文化跨越的人，都会本能地抗拒——至少是犹豫或有所保留——有关"本真"或"正宗"的夸张。因为在实际上，地球上绝大多数的现有文化，全都经过了传播、叠加与杂交。——也正是出于这样的心念，我才会在以往的著述中写道："什么才是这种'比较文学'的犀利方法呢？如果简单和形象一点地回答，那就是能像分析化学家那样，让目力得以钻进现有的物体之中，甚至能看穿组成它的分子式，以致当一粒石子在别人眼中，还只表现为力学上的坚硬固体时，

却能在你的解析中被一眼看穿，而呈现为'碳酸＋钙'之类的文化化合物。"（刘东:《悲剧的文化解析·自序》）

　　特别需要提示的是，尤其是到了这个"后殖民"时代，我们才既恍然大悟、又追悔莫及地发现，在近代西方的、爆炸性的全球性扩张中，所有非西方世界所受到的空前重压，也就在由此造成的文化化合层上，浓重地造成了文化压迫和碾轧，而且这样的压迫还往往是我们不闻其臭的、基本失语的。——比如，在动情地唱着"黑眼睛黑头发黄皮肤，永永远远是龙的传人"的时候，或者在动情地唱着"让海潮伴我来保佑你，请别忘记我永远不变黄色的脸"的时候，在我们中间已很少有人还能够想到，"正如奇迈可（Michael Keevak）向我们揭示的，其实在迟至18世纪中期之前，欧洲人对于'东亚人'的肤色描述，还多是白皙、略暗的白色、橄榄色等，换言之更同自己的肤色相近；而当时被他们归为'黄皮肤'的，倒是在19世纪被归为'白人'的印度人。"而进一步说，"中国肤色的这种'由白变黄'，也就正好在欧洲人那里，对应着18世纪流行的'中国热'，以及又在19世纪流行的'中国冷'。——说得更透彻些，如果白色意味着圣洁、高贵与聪慧，而黑色意味着邪恶、低贱与愚昧，那么，介于白与黑之间的这种'黄色'，也就正好介乎两个极点之间……"（刘东:《〈大海航译丛〉总序》）

　　第二重则是所谓的"**生产性**"。无论如何，虽说单只从历史的"短时段"来看，文化的对撞难免要带来血与火，带来难以喘息的辗轧与压迫，可一旦放眼于历史的"长时段"来看，又未必不能带来文化的互渗与杂交，并且就基于这样杂交而寻求向上的跃升。早在任教于北大比较文学所时，我就不断告诫要在方法上"退一步，进两步"，而这也就意味着，不妨把我们的工作比作文化上的化学家，既要通过"分析"来暴露和祛除外来的覆盖，又要通过"化合"去丰富和加强固有的文化。——在这个意义上，如果冯友兰曾经提出过"照着讲"和"接着讲"，而且明显在侧重于后一种讲法，那么，我则有针对性地又提出了"从接着讲到对着讲"，也同样把重心落到了后一种讲法上："它不仅不再把精神围闭于某一特定的统绪，甚至也并不担保仅靠两种或多种传统间的对话与激发，就一定能够帮助摆脱深重的文明危机；它唯一可以承诺的是，文化间性至少会带来更多的头脑松动和思想选项，使得我们有可能挣脱缠绕已久的文化宿命论，从而有可能进行并不事先预设文化本位与文化归属的建构。"（刘东：《从接着讲到对着讲》）

说到根子上，也只有借助于这样的"生产性"，或者借助于这种交互性的"对着讲"，我们才真正可能去拯救自家的传统，而不是人为竖起一道刚性的篱笆，把这种传统给"保护"成了世界文明的"化外之物"，或者给"保护"成了只能被圈养起来的大熊猫。——事实上，对于此间的这番道理，我也早在别处给出了论述："正是在这种具有'自反性'的'对着讲'中，我们在把自己的国学带入那个'大空间'的同时，也应当头脑清醒地意识到，自己身后的传统无论多么厚重和伟大，都绝不是什么僵硬的、刀枪不入的死物；恰恰相反，它会在我们同世界进行持续对话的同时，不断借助于这种对话的'反作用力'，而同整个国际文化展开良性的互动，从而不断地谋求自身的递进，也日益地走向开放与自由。如果宏观地展望，实际上全世界各个民族的'国学'，都在百川归海地加入这场'重铸金身'的运动，而我们的传统当然也不能自外于它。"（刘东：《国学如何走向开放与自由》）

第三重又是所谓的"**或然性**"。也就是说，即使在文化的碰撞与交汇中，确实可能出现某种"生产性"，但我们仍不可盲从任何前定的目的论，仍不能秉持任何浅薄的乐观论。毕竟，并不是所有的文明间的叠加，全都属于具有前途的文化融合，那也完全可能杂交出一个怪胎，只因基因的排斥而无法传宗接代，只能够逐渐式微地无疾而终。在这个意义上，所谓"文化间性"也只是开放的、和不确定的；而且，这种或然性的历史结构，或者开放性的可能世界，也就正好敞开向了我们的深层思索，留给了我们的文化选择。——而此中的成败利钝，又正如我在以往议论过的："如果我们已从比较哲学的角度看到，宋明理学乃是作为中土主导价值的儒学，同当年的西学、即印度佛学之间的交流产物，那么，我们也就可以再从比较哲学的角度想到，要是为此吃尽了千辛万苦的玄奘当年，走到的那个西天竟不是印度、而是更远处的希腊，则此后作为文化间性的发

展,也就会显出完全不同的景象,甚至超出了后人的理解和想象。"(刘东:《天边有一块乌云:儒学与存在主义》)

当然在另一方面,既然还没有停止自己的运思,还没有放弃自己的努力,那么,至少在当下的这个历史瞬间,我们也同样没有理由说,人类就彻底丧失了自己的前途,而历史也就此彻底沦为了黑洞。如果我们,既能从心情上回到那个"轴心时代",又能基于那"四大圣哲"的价值立场,去展开新一轮的、充满了激情的"文明对话",那么,就足以从跨文化的角度发现,真正能结出丰硕成果的对话,决不会发生在孔子与释迦牟尼、或者孔子与摩西之间,而只会发生在孔子与苏格拉底之间。——这也正是我晚近正在不断呼吁的、一种真正可以普适于人类的"文化生产性":"也就恰是在这一场剧烈冲突的背后,甚至,正是因为有了如此激烈的化合反应,反而应当求同存异地、'更上层楼'地看到,其实在这两大世界性文明之间,倒是罕见地共享着一连串的文化要素,包括多元、人间、现世、经商、感性、审美、乐观、怀疑、有限、中庸、理性、争鸣、论理、伦理、学术、讲学等。也正是鉴于这两者间的'亲和性',自己晚近以来才越来越倾向于认定,我们正孜孜以求的'中国文化的现代形态',绝不会只是存在于本地的文化潜能中,而更加宽广地存在于文明与文明之间,特别是'中国与希腊'这两者的'文化间性'中。"(刘东:《悲剧的文化解析·自序》)

但愿收进了这个系列中的著作，无论其具体的问题和立场如何，都能激发出对于上述要点的持续关注，使得大家即使在剧烈的文明冲突中，也不敢稍忘自己所肩负的、唯此为大的历史责任！

2023 年 11 月 17 日
于浙江大学中西书院

译者前言

这部理论性学术著作涉及许多术语，在不同论述脉络中，它们所指涉的意义有所区别。译者在此略做说明，以便于读者理解。

为符合中文表达习惯，skin tones 译作"肤色"，但在英文原著中，该术语包含着视觉和听觉的双重含义，意在讨论同时联结了肤色和语言/发音的种族化问题。Language 在不同地方，可能译作名词"语言"，也可能译作谓词"言语"，后者主要指代动态的语言使用过程。"言语"的解释可以参看本书《导论》部分第 19 条注释。Monolingualism 用于描述具体的语言使用主体，尤其在指代使用语言的态度或立场时，译作"单语主义"，在（殖民）政治权力直接介入语言使用的情形中，译作"单语制"；bilingualism 和 multilingualism 的翻译亦如此。Script 在表示广义的文字写作时译作"书写"，在具体指涉与演出相关的文学艺术创作时译作"剧本"。

其他理论术语（比如皮埃尔·布尔迪厄［Pierre Bourdieu］意义上的 habitus、agents）、人名，均按照目前简体中文翻译惯例处理。

原著所引用的中文文献，在翻译时，全部重新以原文形态予以呈现（原文相关注释未做改动）。原著第五章中相关粤语发音、繁体字、汉语拼音予以保留（原文相关注释未做改动），其余章节的繁体字（除个别情况外）均以简体形式呈现。原著表示强调的斜体部分，均以黑体予以标识。

翻译过程中，周蕾老师给予我充分的信任和诸多的鼓励，并建议我把 skin tones 直接译作"肤色"。同事袁勇麟老师分享了梁秉钧的一篇访谈原文。同事黄晚老师给我解释了 étrangeté 在特定语境中的确切含义。我在 2020 至 2023 年指导的硕士生廖心茗提供了马国明的一部著作。九州出版社的编辑特别细致地通读了译文，并提出很多具有建设性的修订意见。在此，对上述帮助我的师友，一并致以深深的谢意。

周云龙

2024 年 4 月 25 日

献给阿尼（Ani）、嘉文（Calvin）和普雅（Pooja）。

事实上，种族主义是什么？根本上，它是一种在权力控制下的生命领域引入断裂的方式：必须活与必须死的生命间的断裂。

——米歇尔·福柯（Michel Foucault）：《必须保卫社会》（"Society Must Be Defended"）

就像一只蜘蛛，语言装置位于大脑中的某处。它有一个支点。可能令你感到震惊，你可能会问："哦，拜托，你到底在说什么，这种语言来自哪里？"我不知道。我没有义务了解一切。除此之外，你对此也一无所知。

——雅克·拉康（Jacques Lacan）：《我的教学》(*My Teaching*)

没有语言本身，也不存在任何语言的共性，只有一大群方言、土语、俚语和专门的语言。没有理想的说者–听者，也不存在一个同质的语言社区……没有母语发音，只有政治多样性中为主导语言接管的权力。

——吉尔·德勒兹（Gilles Deleuze）和费利克斯·加塔利（Félix Guattari）：《千高原》(*A Thousand Plateaus*)

一个非洲人能够把英语学得足够好，并有效地用于创作吗？**关于该问题，我的回答是一定可以。如果你从另一个方面发问：他能够学得好到像一个母语者那样吗？我会说，我希望他不能够。**

——钦努阿·阿切贝（Chinua Achebe）：《非洲作家与英语》("The African Writer and the English Language")

目　录

《跨越丛书》总序 …………………………………………… i

译者前言 ……………………………………………………… vii

有关非英文文献的说明 ……………………………………… 001

致谢 …………………………………………………………… 002

导论　肤色——关于语言、后殖民性和种族化 …………… 005

一　德里达的单语遗产 ……………………………………… 028

二　不像说母语者：言语的后殖民场景和外来语的接近性 … 049

三　翻译者，背叛者；翻译者，哀悼者（或梦想跨文化对等）… 082

四　以食运思，反写中心：梁秉钧和马国明的后殖民写作 … 105

五　一个香港童年的声音与书写 …………………………… 132

注释 …………………………………………………………… 156

有关非英文文献的说明

因为这是一部英文出版物,非英文文献没有全部给出,而是在不同论述语境中结合惯例,采用相应的格式,选择性地予以呈现。

致　谢

如果没有哥伦比亚大学出版社社长兼董事珍妮弗·克鲁（Jennifer Crewe）的玉成，这部文集的出版就无法实现。克鲁在每一个阶段，都对本书做出了一流的专业指导。对她和哥伦比亚大学出版社工作团队高效且有效的编辑意见、文字润色、装帧设计以及发行销售，我致以深深的谢意。（我要特别感谢文字编辑安妮·巴尔瓦［Annie Barva］，她的工作极其精确细致）我也要对评审该书选题和完整书稿的几位匿名专家致以谢忱，他们热情地阅读了书稿并给出建设性的意见。

过去的十五年里，我在康奈尔、布朗、普林斯顿和杜克任教期间，以研讨班的形式开启了本书各章节诸多论题的各种观点。对这些研讨班的参与者们，我致以最温暖的问候。我也必须公开感谢一些在学术期刊和出版社任职的同行，他们友善地邀请我发表论文和部分章节。这些已发表的内容，成为我后续探讨的部分话题的最初版本。他们是：拉尔夫·科恩（Ralph

Cohen）、洪美恩（Ien Ang）、石静远（Jing Tsu）、王德威（David Der-wei Wang）、刘绍铭（Joseph S. M. Lau）和陈德鸿（Leo Tak-hung Chan）。

在和雷道·本斯梅亚（Réda Bensmaïa）就德里达、布尔迪厄、阿尔及利亚和双语主义进行极为有趣的对谈中，我收获的快乐超越了知识本身。克里斯·卡伦斯（Chris Cullens）、肯·海恩斯（Ken Haynes）和奥斯汀·梅雷迪思（Austin Meredith），在学识、睿智、幽默以及情感抚慰方面，一直为我提供不可或缺的源泉。保罗·鲍曼（Paul Bowman）、高伟云（Jeroen de Kloet）、林松辉（Song Hwee Lim）、利维娅·莫内（Livia Monnet）、迈克尔·西尔弗曼（Michael Silverman）、詹姆斯·斯泰恩特拉格（James Steintrager）、安东尼奥·别戈（Antonio Viego）和罗宾·维格曼（Robyn Wiegman），他们中的每一位都以自己的方式，在彼此所做的学术工作中给我的信仰以支持，而无论其他国际舆论如何。竹村和子（Kazuko Takemura）和梁秉钧（Leung Ping-kwan）在本书完成之前已经去世，他们具有典范性的人格魅力和正直品性，永远令人难以忘怀。父亲周泽雄（Chow Chak-hung）、妹妹蓓（Pearl）和恩（Enn），还有她们的家人，在过去几十年里对我无私的纵容和溺爱跨越了不同的大陆，我永远为之感恩。

过去几年里，正是因为有了阿尼·迈特拉（Ani Maitra）、许嘉文（Calvin Ka Man Hui）和普雅·兰甘（Pooja Rangan）

的协助、合作和友情，我的生活才不至于贫乏。他们充满激情地投身于自己研究课题，甚至照亮了我最沮丧的日子。我以诚挚的感激和爱意，把这本书献给三位朋友。

第一章和第三章的较早且更短的版本，曾分别发表于《新文学史》(New Literary History)，2008年春季号第39卷第2期第217—231页和2008年夏季号第39卷第3期第565—580页。

第四章的较早版本发表于《公共/多元》(Communal/Plural)，1999年第7卷第1期第45—58页，以及《全球华文文学：批评文集》(Global Chinese Literatures: Critical Essays)，石静远、王德威主编，博睿出版社，2010年，第133—155页。

第五章的一个较早的、篇幅更短的版本，发表于香港岭南大学的《现代中文文学学报》(Journal of Modern Literature in Chinese)，1997年7月第1卷第1期第109—127页。

所有这些早期的版本在收入本书时都经过大幅重写和扩展。

导论
肤色——关于语言、后殖民性和种族化

巴拉克·奥巴马(Barack Obama)在其回忆录《我父亲的梦想》(*Dreams from My Father*)开始的地方,回忆了他童年时期的一场遭遇:他在印度尼西亚的美国大使馆看到一本杂志,上面有一张黑人双手的特写照片。他注意到,这双手"有一种奇怪的、不自然的苍白,好像血液从肌肉中被抽掉了一样"。奥巴马继续讲述道:

我想,这双手的主人一定病得很严重。一个辐射的受害者,或者,也可能是患白化病的人。几天前我在街上曾经看见过一个那样的人,我母亲是这样对我解释的。**在我读了这张照片的配文后,才发觉事情根本就不是我想的那样**。根据文章的解释,这个男人接受了一场医学处理以淡化其肤色。他用自己的钱支付了治疗费用。他对努力想把自己变成一个白人表现出一些懊悔,他为事情出现如此糟糕的结果表示难过。但事情的结果是不可逆的。**为了广告里承诺的作为白人的幸福，成千上万的黑人男女像他一样，**回到美国做了同样的治疗。[1]

成年后的奥巴马仍然记得，当年那个九岁小男孩发自内心的感受："我感到我的脸和脖子都发烫了。我的胃开始痉挛；这一页上面的字体开始模糊……我恨不得从椅子中跳出来……想要某人来给我解释并保证。"他的具身反应转变成了失语症："像是在梦境中，我对自己新发现的恐惧**发不出声音**。"[2] 这种失声正是我后面将要继续讨论的，是可被称作"极限体验（limit experience）"的一种特殊形式，这个说法来自福柯，处于这种状态的人已经抵达了其确信的事物的尽头，并触碰到了深渊的边缘。虽然这样的描述已经足够直接，但另一个问题又凸显了：失语症（发声或言说遭到限制）与种族化关联在一起时，该如何理解？种族化是这个故事中正在发挥作用的另一重要因素。

种族化作为与语言的一场遭遇

请允许我专门以一个著名的理论场景的谱系学方式，切入这个问题。奥巴马的叙述一开始就简洁地传达了那个年幼的黑白混血儿的创伤,这与弗朗兹·法农(Frantz Fanon)在《黑皮肤,白面具》(Black Skin, White Masks)中的痛苦记忆一样引人注目,后者遭遇了他者从外部以武断的形式进行定性的过程:"肮脏的黑鬼!""看,一个黑人!"[3]在奥巴马和法农的境遇中,刻骨的震惊、自卑、脆弱和一无是处的感受,构成了强加于有色人种群体的强迫性反思的组成部分。在一种占主导地位的可视的语域中,黑人不得不被自己和自己同类的客体化所惊吓。通过陌生人的习惯性方式凝视自己(法农),或在一次偶然中,通过一张另一个黑人对自己所做的事情的照片(奥巴马),种族主要被理解并呈现为一出视觉上的戏剧,它强调了当一个社会蔑视黑人就像对待某些肮脏的东西时,被视为黑人意味着什么。

虽然法农的《黑皮肤,白面具》第一章致力于探讨"黑人与语言",但种族客体化和语言工作之间的关键联系,在当代学术研究中似乎被讨论得不够充分。对法农来说,殖民脉络中的语言,是把殖民者的语言强加给被殖民者,并要求后者掌握。如法农所言,这种对殖民者语言的掌握,甚至是其所谓的"种族表皮计划"中的另一种价值交换。"安的列斯黑人变白的程度——也就是说,他将更接近一个真正的人——与他掌握法语的程度成正比。"[4]换句话说,(法语)语言知识的获得,就相当于白人性的获得。借助这种他者的生物符号学,**掌握语言被翻译并接受为肤色的价值**。这种生物符号学不是那些通常被认为是自明的东西，而是应当进一步阐述的东西。要开始这种阐述，我们必须问一个具有迷惑性的简单问题：确切地说，这里的语言是什么？

我们再思考一下法农发出的感慨："肮脏的黑鬼！"和"黑人！"这些言论被制造出来首先是为了给他者命名。沃尔特·本雅明（Walter Benjamin）关于人类语言的写作，使他在这个方面成为一名有趣的（如果多少有些出乎意料的话）对话者。和语言哲学传统中的一些前辈一样，本雅明在讨论语言时依据的是心理的内在性，即人类特有的一种内在的理解力。虽然这种方法一点也不吸引人，但本雅明的思考具有启发性的是其矛盾的一面，这些思考具有雅努斯般的两面性——宗教性的神秘主义和20世纪早期革命性的乌托邦主义。比如，当论及语言，本雅明就特别关注命名的行为，正如他的文章所示，该行为变戏法般地带出一个神圣的创造性观念。与此同时，就像本雅明的思想特征那样，命名行为也是关于共同体形成可能的世俗化视角的关键。这里的关键节点是摹仿：作为语言中决定性的关键内容，命名与摹仿密切相关，它有生产相似性的能力。本雅明写道，名称（言外之意就是人类的语言）是相似性的非感性形式（因为和具体的物理性实体相比较，词语是抽象的）；命名就是建立起"由事物构成的神奇共同体"的东西，它是"非物质的、纯精神性的"，它借助声音得以符号化。[5]在命名与摹仿的等式之间，存在一个可以被认为是社会政治原型的步骤。

本雅明认为，通过给事物命名，我们事实上是在摹仿它们，也就是说变得和它们相像。命名（他者），与（他者）相像，（和他者）形成社会关系——这就是我们从世界获取知识的方式。

如果说本雅明的神学和浪漫沉思被转移到了一种社会政治框架中，那么，名称所指代的正是一个接触区域。从理想的角度说，名称是一个位置，在这里，象征性的相似、相遇、对等、交换以及整合，都由世界所创立。在人类与事物的无声世界之间的潜在联结，事实上是相似，这使我们可以把命名转变为一种非常有力的、述行性的姿态：通过命名某物，我们授予它一个原本不具备的身份——通过这个身份，被命名的事物作为**我们**的关系、**我们**的同等物、**我们**的共同体而变得**生机勃勃**；通过这个身份，被命名的事物可以接触（并影响）我们，就像我们能够接触（并影响）它一样。

然而，正是由于这些潜在的共通性和相似性，名称才显得尤其危险。正如本雅明所描述的那样，当命名的姿态不仅仅被应用在沉默的物的世界，而且还被用于人类的其他群体时，在命名者和被命名的事物之间的那些不稳定且相反的对应和整合，就会变得不受控制。也就是说，在这个时候，这类命名行为就不再仅仅是指定一个名称，同时还必须作为一种称呼、一种召唤被接受。[6]这就是法农的论述中的命名行为面临的情形。

通过被命名为"肮脏的黑鬼"和"黑人"，这个黑人在视觉上瞬间被客体化，可以说在同一时刻，其存在感也得到召唤。

法农的著作于1952年首次以法语发表，他在其中令人心酸地预示了主体的询唤，后来路易·阿尔都塞（Louis Althusser）在其广为引用的《意识形态与意识形态国家机器》（1970年首次以法语发表）中对此进行了论述。特别是，阿尔都塞为了分析得更加清晰，他把询唤的过程切分成两个连续的时刻，体现为两个沿着街道行走的人物。第一个是发出匿名召唤的警察（或其他陌生人），这个召唤并没有一个具体的名字——"嘿，你！"然后，就有一个默认的转身，阿尔都塞把这个过程描述为，被召唤的人以180度的转身去回应这个召唤。这个转身的动作就是一种反馈，相当于在说"是的，那是我"，这就完成了匿名召唤发起的循环，主体由此生成。对阿尔都塞来说，当个体回应的第二个时刻，也就是"相信/怀疑/知道那是在叫他，比如，承认'他的确是'召唤的对象"时，意识形态才成功地完成了其动员主体的任务。[7]

阿尔都塞的分析众所周知，它通常会在主体或主体化的这个转身时刻的连贯性与意志力方面引发争论。主体总是（不得不）对匿名的召唤做出回应吗？我们何以得知？他无法忽视或拒绝这个召唤吗？诸如此类的问题。[8] 如果我们以同样的理路，把阿尔都塞的术语转换到法农笔下与黑人命名者遭遇的场景中，那么，作为驳斥"肮脏的黑鬼"和"黑人"的命名/召唤的一种方式，提出主体的连贯性与意志力问题，首先就是合乎逻辑的。黑人不能拒绝对询唤做出回应，进而拒绝强加于他的称呼模式吗？如果黑人不承认他正在被召唤，而且不去证实对他自己或他的名字的匿名召唤，所有的问题就都能够得到解决吗？可以确定的是，法农自己在写作中已经表达了忧郁的反抗："我竭尽全力拒不接受**切除**（amputation）。"[9] 与此同时，从整体上看，法农的工作指向了一个非常不同的方向，建议拒绝或不承认询唤并不是一件简单的事情——拒绝参与种族化（或种族化询唤）的超个体情境事实上是不可能的。

那么，法农在讲述侮辱性的客体化和称呼发生时，真正要表达的是什么呢？它是一种对认同的必然性或强制性的震惊体验，这种体验同时表现为具身的（通过他自己的黑人性[blackness]）和超越肉身的形式，它正是建立在对称呼的述行性摹仿的基础上。[10] 正如本雅明认为的那样，在与他者接触和交流的神奇伪装中，命名行为建立起了"共同体"（或用今天的社交媒介语言来说，就是"联结"），其中，被命名的客体被赋予一种沉默之外的生命。然而，正是因为这些社群关系**取代**（代替、接管——事实上是侵占）了沉默，一旦黑人的名称被发出，他就无法隐藏。随着称呼被突然喊出，他会习惯性地意识到某些重大的事情发生了，就在毁灭性的声音片断对他发出称呼的那一瞬间，他就已经在称呼和召唤中存在了。[11] 一种**强制性的"自我"**认知现象，在某个层次上大大超越了主体连贯性和意志力的逻辑问题，因为该现象中的知识和权威来自另一场景，还因为早在特定的遭遇发生之前、在这个特定的黑人以个体化的方式进入该场景之前，种族化的强制令就已经发出了。所以，法农所描述的不仅仅是我们今天所说的仇恨言论的例子，而是一种本体论的减法和矛盾：无论如何，自爱（或自尊）的可能性都从自我认知的轨迹安排中被提前去除了。对黑人来说，自我认知的机会正好被扣留在他的缩减或物化形式中：他自己要成为／变得更少，成为／变成被贬低的，才能成为／变成（他自己）。为了实现自我认知，他不得不自我取消（消减），而无论他正好拥有什么样的自尊，这种本体论的减法和矛盾，就是法农尽力要说明的。

这个注定的自我认知轨迹并非等同于简单的否定或毁灭，谨记这一点非常重要。黑人并没有被命名为空无（nothing）。实际情况是，他在由各种关系构成的共同体中被赋予一个位置，来按照其称呼进行表演；他被称为**某物**（*some* thing）——"肮脏""黑鬼""黑人"。以这种方式，种族化现象抵达了第二种秩序，其中分割（或隔离）的力量对语言运作的方式至关重要。这种分割或从内部（比如，这种称呼证明了它不仅仅是一个称呼，其中还包含着指称和召唤）或从外部（比如，如果没有回应者的转身，询唤的行为就不可能成为现实）引入了一种分歧：无论它以想象的共同体形式，还是以警察监视和抓捕的形式，只要它支持不同的承诺，它就会保持为空无。本雅明和阿尔都塞的描述分别强调了（在命名行为和被命名物之间）摹仿的相似性和（在发出召唤的警察和转身的被召唤主体之间）结构的对称性，如此利用分割，但同时又以庄重优雅的互动关系隐藏了分割的力量／暴力。相比之下，法农的"肮脏的黑鬼"和"黑人"把力量／暴力放置在主舞台上，在询唤式互动的种族化场景中，揭示了"切除"的边缘将是锯齿形状的。在法农的阅读中，种族化首先要被理解为一种言语经验，不仅仅是因为语言关系本身被卷入了分割的侵略性程序中，而且使种族化的命名和询唤不可避免地加剧了。法农的写作表明，种族化使切割的**不对称、单向性和不可缝合**不可能被留意到，因此，它让我们对失语症缺乏更具深度的认识，而失语症使那些正遭受分割的力量／暴力冲击的人备受折磨。[12]

失语症、外形损毁、肤色

现在回到奥巴马的故事，我们可以说失语症或言语丧失（在这个语境中，由他所意识到的种族化的效力引发）是一个现象学的条件，它反过来促生了一种新的思考。[13] 这种思考提醒我们，常常被认为是自然而然的表层皮肤，借助只能被称为外形的唤起性，在被贴上黑人标签的情况下，（像语言一样）成为一个引起强烈情感的互动媒介。[14] 一个人即使通过皮肤转录并表达自己——他（她）必须如此，仍然会在这个过程中感到受伤和羞辱。就像童年的奥巴马意识到的那样，用这些术语解读的皮肤，作为一个潜在受伤的客体或非自然存在物，它把自身借给了美国商品化的化学处理行为，在这里，试图彻底改变肤色（把自己变白），同时意味着试图隐藏自己（掩盖其黑人性）。法农也提到一些致力于生产"去黑人化"［denegrification］血清的实验室，允许黑人"把自己变白，以抛却肉体的诅咒带来的负担"[15]。我们可以说，年少的奥巴马看到的照片中的黑人"不均衡、幽灵般的肤色"，是通过**自我毁容和自我抹除，试图自我形塑**的剩余物和提示物。"肮脏的黑鬼"和"黑人"的称呼与询唤，在美国和全球文化中得到广泛的传播，正是从中认出他自己的黑人立即回应道"是的，那是我"，好像**又**继续跨越或在字面上自我洗白："不，那是非我（me）。"不成功的化疗改善的是黑人的身体表面——也是他与世界联系的媒介，以永久性毁容的形式留下了印记。他的皮肤像是弄坏了的复制品，永远透着未能实现的白人性**肤色**（如奥巴马指出的那种对幸福的承诺），也即他更想要的肤色、语言和声音。由此，它试图徒劳地在发声的同时隐藏自身。

带着自我贬损的肤色（skin tones）要素，借助同化以努力实现自我伪装和自我革新，此后，一个**双重的外形损毁**（对某个已经注定有缺陷的事物的失败矫正），必然表现在皮肤的（表层）面孔（［sur］face)上，承受所有人的目光。奥巴马讲述的这个令人瞩目的片段，为我想在这本书里面提出的问题提供了一个星丛。读者目前可能已经注意到，在种族化失语可能带来的思考中，为了强调一个语域中的意义如何渗透进另一个语域中的意义，并与之纠缠，我有意地合并了**肤色**的视觉和听觉含义。在形与声的边界上，肤色这个词语强调了语言作为一个现象学行动者的不可化约性，它在揭示濒临险境之物时所用的方式可能是相当令人惊喜且恰到好处的。循此路径，我将提供另一个使用**肤色**这个词语的案例，其中有着同样的命名与召唤的表皮化意义。

考虑一下这个越来越为人所知的共同经验：英语国家的消费者接到印度和菲律宾服务电话时的情形。从机票预订到家用电器维修，再到银行业务办理，以及电子设备技术援助等一切事务，生活在美国、加拿大、澳大利亚和其他地方的人们都习惯于通过越洋电话告诉在"离岸呼叫中心"（off shore call center）工作的代理人。"离岸呼叫中心"这个名称恰当地命名了这类社群主义者的交流机构，该机构通过一种专门的种族化语言关系，为跨国交易业务提供方便。这个种族化的语言关系可以通过有着英式英语表达技巧的印度人和有着美式英语表达技巧的菲律宾人得以描述。正如纪录片《绕道德里》(*Diverted to Delhi*，格雷格·斯蒂特［Greg Stitt］导演，2002）和小说《呼叫中心的一个夜晚》(*One Night at the Call Center*，奇坦·巴加特［Chetan Bhagat］著）[16]中的戏剧化场景所展示的那样，为了完成人人艳羡的呼叫中心接线员的工作，并符合其资格要求，预聘的雇员必须经历一段时期的培训，其内容无异于阿尔都塞意义上的意识形态皈依。这些雇员不仅要熟悉他们代言的商品，还要具备一种表演性美学，由此，他们的**发音听上去没问题或听上去像是**能够被客户所接受。例如，如果他们恰巧在自我表达的一些习惯上较保守，这些预聘的雇员则必须将自己的发音方式与听上去欢快、自信、热情的美国表达方式进行整合，后者是这个职位所需要的。这些美国表达方式，还包括以不加遮掩的方式表达出来特定的词语："当然（Sure）！"[17]事实上，据说一些印度代理人使用的是那种有点过时的英语，这在一定程度上，导致一些美国公司把菲律宾作为这类外购服务的替代性中心。和印度人不同，"菲律宾人在一年级就开始学美式英语，早在他们进入呼叫中心之前，就已经在吃汉堡，追NBA赛事，看美剧《老友记》（*Friends*）了"[18]。

在培养离岸呼叫中心代理人的过程中，我有意不过多强调全球化经济中的廉价劳动力开发问题。这个问题虽然是有根据的，但它不是我这本书的关注点。我更倾向于强调一种种族化的场景，借用贝克（A. L. Becker）的概念，这个场景可被称为"言语（languaging）"[19]。

就像照片中的黑人尝试着给自己的皮肤漂白，棕色和黄色皮肤的离岸呼叫中心代理人（或预聘代理人）也被迫在自己身体上进行改进。在仅限于电话交流的情境中，声音事实上不正和皮肤一样，是一个（对象化的、人为的）外部和表面吗？如今，声音上面铭写着一个明确的需求，这个需求是不平等的历史关系的遗留物。这些被要求发出积极向上的、美国式腔调的代理人，不可避免地给人留下带着"口音"的外国人的印象，用这种腔调说话的代理人其实也是有着"奇怪的、不自然的苍白肤色"的黑人的一个变体。这种情况下，这种无法获得、不能实现的肤色记载着被切割（进入）的听觉记录——对美国英语的强调不正是语言的种族化和种族的言语化吗？目前这些棕色和黄色皮肤的群体必须对自己的身体——嘴巴的形状、嘴唇、牙齿、舌头和声带——进行调整，以便其口语表达方式能够为北美和其他说英语的客户接受，这种肤色难道不也是一种外形损毁，一种对已经注定有缺陷的事物的失败矫正吗？

尽管离岸呼叫中心有一个实质性的名称，我们仍然可以说，它在其带来的多重概念的、实际的以及跨文化的回响中，特别具有幽灵的性质。托马斯·巴宾顿·麦考莱（Thomas Babington Macaulay）在臭名昭著的帝国文献《教育备忘录》（"Minute on Education"，1835）中倡议：把英语的传播作为一种在印度人中培育新阶层的手段，以便更好地为英帝国的利益服务。[20] 在官方产品和交易服务之外，在《教育备忘录》发表近两个世纪之后，这些跨越大陆的呼叫究竟召唤出了什么？当为了谋生的代理人拿起电话，对"嘿，你！"这类相当于召唤的呼叫做出必要的回应时，在代理人那里，发生了何种自我认知和自我取消？做出了何种身心上的皈依？如果说离岸呼叫中心在字面意义上是全球化时代的呼叫和职业场景,那么,该场景就在其平稳的可操作性中嵌入了早期场景的记忆,难道不正是因此,被殖民者才被吸纳进英语的国家意识形态机器中吗?在语言作为分割/铭写和肤色作为一种双重的外形损毁之间,在发音作为表达/交流和贬损/羞辱之间,需要在语言、(后)殖民性和种族化之间耦合的力比多化的具体形式,又是什么呢?

各章概览

第一章聚焦于雅克·德里达(Jacques Derrida)对自己与法语间的痛苦关系的自传性思考,既对导论中概述的一些问题进行概括,同时也引出该书其余的部分。德里达提供了一个困境,即作为一名在法国殖民地长大的阿尔及利亚犹太人(Algerian Jew),他拥有一种语言,但这种语言又不是他的。德里达对"他者的单语主义"的详细阐述,可以解读为一种处理我所指出的失语症和双重外形损毁的方式,这两者在(后)殖民性的种族化语言遭遇中非常重要。与此同时,德里达把法语作为一个绝对的"栖息地",引领我们将其论述和不太可能与他成为盟友的皮埃尔·布尔迪厄的著名概念"惯习"(habitus)并置在一起。布尔迪厄论述了阿尔及利亚的卡拜尔(Algerian Kabyle)商人对抗法国资本主义的创造性方法,后者在前者那里强加了一种先发制人的资本家贸易体系。在布尔迪厄的文本中,我找到了一种全新的理解德里达工作的人种志方法,即视其毕生致力的"语言即解构"的工作为一种特殊的政治抵抗形式。然而,德里达的干预在使我们对单语主义和多语主义提问的同时,也在语言和文化之间持续的不平等方面,留下了尚待解决的问题。

在后殖民文化与社会中,这类不平等一定程度上持续地刺激了语言方面的论争。第二章的主标题借用了钦努阿·阿切贝的评论,这一章重访了阿切贝与恩古吉·瓦·提安哥(Ngũgĩ wa Thiong'o)之间的重要论争,该论争涉及后殖民非洲的作家所面临的语言选择问题。他们在写作时,是应该采用从前的欧洲殖民者的语言诸如英语,还是采用本土的非洲语言诸如基库尤语(Gĩkũyũ)?这部分的讨论延伸到了包括沃尔特·本雅明和米歇尔·福柯以及其他思想家的概念,以充实这个思考框架。其中,语言是作为无意识的记忆、自我疏离和活生生的经验而存在的。在我所谓的"外来语"(xenophone)即听上去是外来发音/腔调的语境中,我援引了自己童年和青少年时期,在曾经的英国殖民统治下的香港的盎格鲁-中国教育体系中,习得并使用语言的记忆。据此,我提出了棘手的语言本土主义问题——这集中体现在母语者形象中。我为修订后殖民情境中的语言实践而辩,这包括一些司空见惯的、看似简单但事实上是意识形态介入的现象,比如口音和语调。

如果可以这么说的话，那么当代理论写作的情感投注常常与丧失感相关联，包括对不可挽回的起源的哀悼、忧郁和怀旧，还伴随着这些公开的、未痊愈的语言创伤。第三章探讨了与这些情感相关的另一个重要的言语问题，即翻译。通过参照各种现代文学和理论文本，包括巴金、詹姆斯·克利福德（James Clifford）、西格蒙德·弗洛伊德（Sigmund Freud）、朱迪斯·巴特勒（Judith Butler）、保罗·利科（Paul Ricoeur）和其他思想家的作品，我把翻译视为一种跨文化和跨语言现象。我认为，丧失的情感需要在当代文化政治中重新思考，特别是本土语言和文化在翻译过程中被拆解、放弃、重组和/或改造的时候。在此过程中，是否有民主思考和跨文化对等的可能性，以及这些可能性该如何与后殖民性和种族化重新耦合？通过简短讨论阿切贝对约瑟夫·康拉德（Joseph Conrad）具有争议性的阅读，以及引用德里克·沃尔科特（Derek Walcott）批评西方人对非西方地域比如安的列斯群岛相关的忧郁情感，本章就此作结。

第四章讨论了两位香港作家的写作，一位是著名诗人、散文家和小说家梁秉钧，另一位是文化批评家马国明（Ma Kwok-ming）。两人对当代香港城市文化的表达中，都大量涉及了食物消费。这一章把吃作为问题焦点，添补在一系列讨论语言、后殖民性和种族化问题的后面，这初看上去可能颇为奇怪，但我认为，这是除了语音之外的另一种强调口头陈述的方式。在回归后的香港，这样的问题聚焦方式具有特殊的重要性，因为作为香港大部分居民本地用语的粤语，与官方的普通话相比较，处于一个少数派的地位。所以，这些香港作家的写作可以被解读为一种失语的本地主义，面对国族主义，人们必须寻找替代性的实质性通道来进行意义生产。对梁秉钧和马国明来说，对吞食也就是吞咽动作的书写，有意无意地以非暴力的形式表明了一种长期存在的社会问题，也因此成为捕获事物、人、人际关系、生活方式的一种策略，这些内容尤其被遮蔽和掩盖了。

第五章提供了一个小型的回忆录，主要涉及港英时期的一种语言工作——粤语广播剧，正如我重构和作为广播播音员、剧作家和制作人的母亲一起度过的童年记忆碎片时那样，广播剧还有一些相关的其他工作，比如剧本写作、手稿誊抄、节目录制和电影改编等。当把它们的自我指涉性放在一边时，这些记忆在此浮现为一种单一的历史性形式，一种确定的（后）殖民环境，其中的语言实践和文化内部与文化之间的阶层区分密不可分。当时，香港还处于英国殖民统治时期，不懂中文完全是可以理解的。事实上，不懂中文的确不是一种社会性劣势，因为出于某种原因，不懂中文反而能够给那些不必了解本地发音的人一种令人羡慕的东西，即拔高的社会地位。即使如此，在所谓的本地事物方案中，作为香港大部分人本地语言的粤语，依然被视为一种低级的或不规范的中文。（出于这些原因，直到今天，那些想掌握流利的粤语的外地人通常都处于劳工阶层，比如来自菲律宾和印度尼西亚的家庭帮佣,以及包括其他来自内地的低收入群体;这些人除了迅速熟练地掌握这种非常困难的语言,通常别无选择。)通过参照我母亲在1950—1970年代的一些工作,我思考了无线电广播如何借由声音本身轻易地解构了在场的形而上学。在这个例子中,声音与其说是逻各斯中心主义的优先承载者(如德里达早期工作所表明的那样),不如说是声学技术带来的基本的感觉碎片的标识。严格来说,当声音不是某种"内部的"事物,而像书写一样是一种人工制品,即声效时,会发生什么?这一章不再讨论第四章讨论的消化道,这里,声轨成为通道。正是借由该通道,我母亲在天空小说的创作和表演中采用了口头陈述的方式,而没有采用标准的、官方的腔调(英语和普通话)。

语言:一种后殖民、后种族的假体?

在数字化时代,人们的交流迅速适应了计算机屏幕和电子键盘的动态变化,这反过来导致人们对身心行为进行了史无前例的调整。高科技视听媒介及其特殊的社会交流和互动规则,使人类的感知经验经历着一场转型。更古老的口头语言媒介借助隐喻和句法发挥作用,在意义生成过程中,经常会产生时间上的滞后和思考上的延迟,无法实现即时性,就不至于沦为一种更加功利主义的宇宙政治学工作方法,最近口头语言媒介在这些方面的特性发人深思。在殖民和后殖民脉络中,言语的复杂性被经典的、关乎人类存在的,以及殖民者和被殖民者之间的政治冲突强化了。语言要想发挥持久的效力通常会以本土语言为代价,强制性地实施一种双语制,[21] 语言的持久效力会以肤色、声效以及沉默的铭写形式,吁求一种修订的概念化秩序。虽然在法语语系(Francophone)的研究领域,殖民化与语言之间的关系已经被讨论过很多,相关论者有法农、德里达、阿尔贝·梅米(Albert Memmi)、埃莱娜·西苏(Hélène Cixous)、阿西娅·吉巴尔(Assia Djebar)、阿卜杜勒克比尔·哈提比(Abdelkebir Khatibi)、爱德华·格利桑(Édouard Glissant)、南希·休斯顿(Nancy Huston)以及他们的同代人,但就我所知,在英语语系(Anglophone)的后殖民研究中,对言语作为一种发自内心的情感和智识限制经验的批判性思考相对缺乏,而且长时间内未能得到关注。(很明显,本书第二章讨论的阿切贝和恩古吉就用英语还是非洲本土语言写作的政治论争,是一个例外。)我是带着处理这一学术缺漏的目的构思本书的。[22]

被殖民者与殖民语言的遭遇是我大多数分析的基础。通常,它在后殖民研究中被负面的术语表述为原初联结(母语)的中断,以及语言自主性、自发性与完整性的缺乏。虽然存在矛盾的心理,但这种压倒性的负面意义的持久影响,也许同样不可避免地形塑了我对主体的直觉反应。为此，请允许我提出一个反常的议案：尽管被殖民者在遭遇殖民者的语言时，产生了震惊、羞耻、愤怒和忧郁等情感，但这种遭遇提供了一个有利的观察后殖民情形的优越位置，其根本原因就在于这种语言是从外部强加的。

从语言作为外来物的经验看，被殖民者为了存活必须全力对抗殖民者的语言秩序，按理说，被殖民者与言语假体化这一事实的关系更为密切，因此，哪怕那些在感觉上无从分割的内在性——恕我冒昧，比如一个人的说话方式——此刻也是短暂的、可分离的和可改变的（可交换的）。[23] 后殖民遭遇的负面意义，顽固地把自身附着在作为后殖民体验的言语之上，但在这个极端的概念转换过程中，存在着一个卸下负面性意义负担（译者注：比如不纯粹的发音、不恰当的表达、混杂的言语习惯等）的机会。那么，语言关系种族化的力比多或人格化逻辑，也许能够继续超越那些曾经激发了很多后殖民思考和书写的情感，那些为人熟知的主观感受包括丧失感、屈辱、伤害和抹除。比如，失语症和双重外形损毁并非低劣的标识，而是可以重新概念化为展示的形式，以暴露严格意义上的"恰当的"（和专有的）发音是不存在的。我这里提议的概念转换，不是要在"全世界受苦的人（wretched of the earth）"的经验中重构一种新的语言原初性，而是为了澄清一个简单的事实，也即像我们中的部分人所了解的那样，以智识上成熟的方式接纳语言必然意味着承受错误、失败、损毁、失望、未竟等压力,但在种族化过程中,这些接纳方式还有一个重要的对应物——那些注定低人一等的群体所通常携带的含糊口音。难道不正是这些含糊的口音,即我所谓的肤色,最终被理解为一种可以并且必须被拆解和重组的假体形式吗?

本书的后两章以香港语言实践为例子,旨在超越人们更为熟悉的英语语系研究(Anglophone studies)的疆域。英语学界的后殖民研究中鲜少有关于食物消费的口头陈述、去疆域化书写以及盎格鲁–中文语境中无线电广播声音与剧本的技术部署探讨,但我认为,这些话题与言语作为后殖民经验的批判密切相关。当中国一度成为风靡世界的迷恋对象时,我们在后殖民的全球化脉络中思考言说与书写中文的不确定特性时,香港的处境打开了一个思考的空间。

众所周知,作为一种具身性实践的中文书写,连同其笔画中蕴含的规训,在现代经历了一场系统性的简化(包括罗马化和语音化的注音方案)。[24] 而在数字化时代,中文写作加速抽象化以及(在某些方面)不再奏效,这些尚未得到理论化探讨。比如,不再像纸上的普通书写,逐渐需要用特有的电子键盘敲击,或者用一个手指在智能手机屏幕、触摸屏或计算机触控板上绘制字符。我认为,这一脉络中的言语体验包含了一整套由机械引发的错综复杂的转换和调适:一方面,对群体同时内化的、微型化的身体运动(即所有那些精心组合的笔画)的遗忘,另一方面，是对同时发生的视觉想象的遗忘，而这些视觉想象是文化人身心的时空感知的组成部分。特别是对那些在21世纪初中文变得时髦之前就已经了解中文的人来说，中文在当代的计算机化遭际，经常伴随着一个中断和遗忘的过程。持续消失的不仅是有关书法构成的记忆或从孩童时期就养成的细致入微的注意力，还包括通过书写符号培养起来的一整套惯习。当然，这些划时代的转换和调适，同时也把中文书法转换成一种不朽的艺术形式，它以越来越神秘的手工实践和技艺为基础。

繁体中文的书写作为一种公共的寻常实践正在遭到遗忘，但与此相对，中文也进入了一个真正意义上受到国际瞩目的新阶段，使用中文的人数在以指数方式增长，与英文的使用人数形成竞争态势。当越来越多来自不同文化背景的人尝试着用普通话的发音方式，为其声音的表皮"染色"时，奥巴马对那个努力漂白自己的黑人的讲述，以及法农对被称作"肮脏的黑鬼"和"黑人"的叙述，该如何重新概念化？在这些更早的种族化的言语遭遇和作为经济大国而崛起的中国所带来的中文优势之间，是否存在着一定的关联？中文的全球传播（一定程度上借助国家支持的机构，比如孔子学院）如何调解和干预非白人（比如中国人和非洲人、白人和非白人）之间的语言表皮遭遇？[25]

某种程度上，语言、后殖民性和种族化之间的这些批判性关系正处于当代全球（经济、智识和文化表征的）分工的核心地带，这部文集可以视为我2002年出版的著作《持异议的少数族裔和资本主义精神》(*The Protestant Ethnic and the Spirit of Capitalism*)的续篇。如何听、说、读、写？如何把语言理解为一种伤害和摧毁他者的方式？什么是本地，什么又是外来？如何争取自我承认，即使个体在言说和书写过程中必须抹去自我？最重要的是，即使在丧失感是具身性的并且被直接感受到的情况下，如何才能不把丧失感本质化，而是把它作为……一种假体？很明显，这些言语问题也要使用此前生命政治问题相关著作中的术语。通过一系列相关的形象——阿尔及利亚犹太人的法语单语、非母语者的外来语、背叛的文化翻译者、说粤语的中文作家、讲述戏剧化小说的无线电播音员，以及许许多多其他人物，接下来的篇幅凸显了各个不同的切入点，以进入一个可能无法穷尽的议题。

一
德里达的单语遗产

雅克·德里达在其自传性的《他者的单语主义；或，起源的添头音》(Monolingualism of the Other; or, the Prosthesis of Origin)[1]中，对自己与法语关系有过令人动容的叙述，他在反思我们熟悉的有关殖民主义权力动力学时，出乎意料地使用了一系列发人深省的转折性修辞。德里达的童年和青年均在阿尔及利亚度过，他虽然承认法语在阿尔及利亚所占据的政治霸权地位，但他并没有像人们预期的那样，声称在殖民者抵达之前，土著们使用着一种更具有起源性的语言。与此相反，德里达反复说自己仅拥有一种语言，甚至把这种单语主义命名为"一个绝对的栖息地"：

我是单语者。我的单语主义持续存在，我称它为我的栖身之地；它对我而言就像一件事物，我停留在里面，也栖居在里面。单语主义也栖居在我这里。正是在单语主义中我得到呼吸，对我来说，它是我的一部分。单语主义不是自然的一个组成部分，也不具备以太（ether）的一目了然，而是一个绝对的栖息地。它无法通行，也**不容置疑**。除了证明它在我这里无所不在，我无从对它发起挑战。单语主义总是先于我的，它就是我。（I，德里达的强调）[2]

德里达描述了他（可以说）被法语完全渗透和占有的言语境况，尽管如此，他还是以匮乏的形式——特别是在拥有者的身份或一致性方面的匮乏——表达了他对语言问题的回应。在德里达称为一种表达上的"逻辑矛盾"或"述行矛盾"（2，3）中，他提供了这句抒情性的叠句："我只有一种语言，它不是我的"（1），"它从来都不属于我，无论是生还是死，只要我还能够说话，这种语言就是我注定要说的唯一语言。你看，这种语言从来都不是我的。说实话，它从来都不是"（2）。[3] 最后，德里达预料到会有人指控说，他不过是在运用流亡或移民劳工的手段来宣称法语对他永远都是一种外语，于是，他提醒读者："我从未说过一种'外语'"（5），"当我说到我所说的唯一语言**不是我的**，我并不是说它对我而言是一种外语"（5，德里达的强调）。[4]

通过这种修辞上的转折，[5] 德里达强调了语言、所有权和归属感之间的关系及其背后的重要问题。德里达总是一边说和写法语，一边宣称这种语言不属于他，但对他又不是一种外语，这时他明显表现出一种在逻辑或述行上的矛盾，所以，这种矛盾也许可以被视为一种迫使我们像对待遗产一样对待语言问题的方式：拥有一种语言——当我们相信一种语言留传给我们或**委托**给我们时——意味着什么？拥有一种语言，意味着像从善意的祖先那里获得遗赠那样占有它，或者把它传给适当的继承人以便能够控制其未来吗？这种经由归属、世袭或后代传承而拥有的语言，对母语者而言是排他性的特权吗？毫不奇怪，这些非常有哲理，然而实际又平凡的问题，存在于一个作家价值观形成岁月的殖民主义经验和回忆的核心地带。[6] 正如一些知名的非洲作家，比如阿尔贝·梅米、钦努阿·阿切贝和恩古吉·瓦·安哥之间的论争所展示的那样，与殖民者需求的疏离性遭遇，在根本上使那些经历过这种遭遇的人，在余生都感到不安。[7] 我们可以推测，德里达与殖民时期阿尔及利亚的法语遗产之间的直接关系，一定在他接受语言过程中留下了无法磨灭的印记，包括他对解构这种语言的需求。正如海迪·阿卜杜勒·贾瓦德（Hédi Abdel-Jaouad）提出的问题，"德里达邀请我们阅读《他者的单语主义》时，展示的不仅是其自传性回忆和**怀旧**的另一个变体，还是一种解构行动，一种严密地阅读自传与语言间错综关系的方法"。阿卜杜勒·贾瓦德认为，德里达在阿尔及利亚的私人史，解释了他"不可遏制的**中断阅读**（de donner à lire l'interruption）的欲望，在其不断增值的中断语汇中，术语'解构'已经成为他最清晰的标识，等同于德里达本人。事实上，解构如果不是绝对的外部、无归属或加缪意义上的怪异（étrangeté），那是什么"？[8]

来自一个"绝对的栖息地"的忏悔

在德里达叙述的细节中，他和法语相关的事物——法国历史、法语文学、法国语言和其他说法语者的口音——之间的密切关系是最吸引人的，这很大程度上是因为他温和而坦率的自我暴露和自我鞭笞。比如，法语文学研究是一个隔离的强制令，正如它是一种文化同化的经验。德里达指出，这种研究不仅强化了文学指涉模式的傲慢和来自非标准语言文化的意义，而且实现了"一个残酷的中断……促进了一种更为严重的隔离：把法语文学——其历史、作品、范型、逝者崇拜、传播与颂扬模式、'上等地带'、作者与编者的名字——与'法国的阿尔及利亚人''自己的'文化分开"（45）。[9] 德里达在这里的描述，坚定而不带感情，传达出构成殖民主义治理常规的创伤性切割的稳固意义。[10]

对文学作为意识形态形式的重要分析，可见于1970年代勒妮·巴利巴尔（Renée Balibar）、艾蒂安·巴利巴尔（Étienne Balibar）、皮埃尔·马舍雷（Pierre Macherey）以及其他人在法语教育体系中就其语言实践研究所提出的观点，[11] 而德里达则表达了殖民主义者种族化的关键维度。可以说,德里达的论述补充了上述思想家们谋求的社会主义者逻辑,他们力图阐明,法语(法国文学[français littéraire]或法国虚构写作[français fictif])的精英形式的"现实影响"如何成为精心执行的种族和阶级区隔的后果。事实上,正如德里达建议的,从被殖民者的角度看,没有经验过他者(the other),就不可能体验到独一(the one)。

相应地,虽然德里达的法语毫无疑问地流利,但他认为还不完美,因为他没能完全丢失其"法属阿尔及利亚"口音。德里达以一种嘲弄的、自我启发性的口吻补充道:"我希望,我将更加喜欢那些不让我的'法属阿尔及利亚'口音出现的出版物。"他同时相信没有人"能够**通过阅读**发现"他是"法属阿尔及利亚人"(46,德里达的强调)。[12] 只要德里达能够隐藏其发音,只要他的"发音"只是被看到而不是被听到,他就能被误认为拥有"地道的(法语)"。尽管德里达对语音中心主义提出了著名的批判,但他在发音层次上对言语纯正性的这种追求,轻易地导向了一种对那些不符合标准发音的排斥,其方式近乎歧视。[13] 而且,正是德里达坚定的诚实,我们才能把握他对该问题的不安的深层地带。德里达说道,不纯正的法语口音使他感到尴尬,然而他也无法原谅自己这种发自肺腑的反应。这类强迫性的自省判断,在一种持续的坦诚形式中得以公开展示,并以引人瞩目的紧张激发出下列忏悔:

我并不为之感到骄傲，我也没有为之制定学说，但它就是这样：一种口音——任何法语口音，但首先是鲜明的南方口音——似乎与我在公共场合发言的智识尊严不相匹配。(**这种想法是不被允许的，不是吗？嗯，我承认这一点。**) 不被允许的，一种更强的带着诗意的发音的使命感……通过与我相关的故事，我承认，尽管有时候看上去信奉一切，但我与一种可耻又棘手的偏狭达成了协议：至少在法语中，只要语言得到关注，我就无法忍受或钦慕纯正法语之外的任何东西……我仍然不敢承认自己对纯正语言的这种难以抑制的**需求**，除了在我能够确定的边界之内……当某人正好达不到这一点，这个人可能是我自己，只会把我暴露于**折磨**之中。当我**发现自己讲得不够纯正或被抓"现行"**("red-handed")**时，我甚至更为痛苦。**（46，我的强调）[14]

当然，在德里达的例子中，法语强行施加的精神负担只能被理解为一种典型的殖民主义后果，这种由白人性（whiteness）强制施加的精神负担，梅米、弗朗兹·法农和杜波依斯（W. E. B. Du Bois）以及其他很多人都描述过。在这个层面上，对纯正法语的痴迷——连同察觉到任何不适当口音后的不适感（包括某人对自己口音的察觉在内），**以及相伴而来的对这种不适的羞耻／罪感，与黑人对白人性的痴迷如出一辙**，充满了各种令人备受折磨的情感面向，伴随着这种痴迷的还有亢奋的自我意识、自我嫌恶、自我怜悯和自我憎恨，这就相当于源自肤色的怨憎的恶性循环。[15] 也许，德里达比其他作者更为引人瞩目，他自己承受了**展示**"肤色"（skin tones）的极度痛苦，关于这个概念，我在本书导论中已经论及。"这里上演了一出殖民化产物和受害者的戏剧，"梅米就此情境写道，"他几乎从来都不能与他自己达成一致。"[16] 在这个意义上，屈从、自我监控以及羞耻/罪感等为德里达所承认，并且与其所提到的被法语鼓动的"禁令"（"l'interdite"）相关的情感纠缠在一起（39），可以作为解释他所谓的"他者的单语主义"的一种方式。这首先意味着一种被他者所强加和强迫施行的单语制。

在这种情况下，"他者"非常直接地就是指殖民者，他们在压制性的统治基础上，要求被殖民者遵守一种单一的语言，据此，被殖民者总是被认为是低劣的。因此，德里达不安地意识到他的口音听起来可能不那么地道："我的'法属阿尔及利亚'口音中的一切都被保留着。在特定的'语用'情境（在家庭或熟悉的环境中，愤怒或感叹的表达经常是私密的而不是公开的，就这种奇怪而且不稳定的差异性经验来说，这是一个相当可靠的标准）中，其语调更加明显。"（45）[17] 除了在被殖民者中引起一种对纯正语言无法实现的渴念，进而生成一般的无力感和残缺感，他者的单语制还通过消除可能的竞争者而使自身合法化，其手段是确保本土语言（比如阿拉伯语和柏柏尔语）逐渐边缘化并变得毫无用处。例如，在德里达的青年时期，阿拉伯语的学习仅限于学校，在那里，它被视为一种外来语言，是和英语、西班牙语或德语并列的一个**选项**，而柏柏尔语则一直被排除在选项外。结果，那些进入公立中学学习的学生，包括那些有阿尔及利亚血统的孩子们在内，选修阿拉伯语的人越来越少，只有在这种语言被认为有利于满足技术和专业目的以及向更低级的帮佣（比如"农人"）发号施令的时候（37—38），才被偶尔重视。殖民者的单语制意味着心灵的发展与完善，这个过程伴随着文学、哲学和人文训练（借用北美的术语，可以称之为博雅教育［liberal arts education］）。在阿尔及利亚，这种教育只允许用法语来进行。正如阿卜杜勒·贾瓦德所指出的，对德里达而言，这种单语制是"一种生存困境，一个人格化的悖论……因为无论他反对什么，他都必须用法语来表达，这是他唯一拥有的语言，然而，他又不能说这是他自己的语言"[18]。

语言作为惯习：进入德里达遗产的一个补充性路径

作为构造德里达本人的绝对栖息地（habitat），他所描述的他者的单语主义在词源上让我们想起另一个相关的概念——**惯习**（habitus）。众所周知，这个概念被皮埃尔·布尔迪厄采纳，并用于对 20 世纪资本主义条件下的社会经济行为的经验主义和理论研究中，因而得以推广。[19] 令人感兴趣的事实是，布尔迪厄对惯习的思考，有一部分是以他于 1950 年代后期到 1960 年代初期在卡拜尔人（Kabylia，Kabyle）群体中，对阿尔及利亚工人所做的人种志和统计学研究为基础的。[20] 布尔迪厄在其早期作品中，把惯习解释为"一个持久的、可转换的性情系统，在功能上，它是结构化的、客观上统一的实践的生产基础"，是"客观情境的内化……这个整合性情系统的结构，预设了对客观的未来的实用性参考，无论未来与当下的秩序与支配经济行为的预测和算计能力是一致还是相反"。[21] 换句话说，布尔迪厄想要通过"惯习"的概念，为已经获得的实践和具身性的实践（包括信仰、感知和性情）提供一种另类的理解方法，这种方法将超越主观主义与客观主义之间的古典的、僵硬的划分——社会学学科中尤甚。虽然惯习可能无法直接地或实证性地被观察到和证实，但它在观念上为我们领会个体（布尔迪厄用"行动者"［agents］来指代）在客观世界谋存时的人际实践过程，提供了一种更具有流动性的路径。就像布尔迪厄对趣味的著名论述，即"第二性的社会必需品，被转化为肌肉图式和身体的自动现象"，[22] 惯习就是赋予某人以位置感的集体实践和想象。

布尔迪厄在阿尔及利亚从事研究约三十年后，发表了一篇论文《制造经济惯习：重访阿尔及利亚工人》（"Making the

Economic Habitus: Algerian Workers Revisited")[23]，重申了自己的意图并阐明其贡献。布尔迪厄解释道，借由"惯习"的概念，他极力想调用的其实是对一种经验进行概念化的方法，更精确地说，这种经验就是实践性的**过渡**，即已经习惯于旧的社会经济秩序（其标志性的活动包括购买、礼物交换、承兑、债务等）的人们，不得不经受磨难，以融入（以资本主义和现代化语境中的算计精神为基础的）新秩序。当行动者的经济性情（引申开来，还包括他们经营人际关系的传统方式和构成这类关系基础的社会编码）与其必须尽力采取行动的新经济世界之间出现明显**偏差**时，可以说，惯习就在这种调适经验中变得可见可感。事实上，布尔迪厄在他很多作品中，都把批判的目标指向资本主义资产阶级社会先发制人的等级价值判断，以及他们与衍生于现状的政治权力的共谋，因此，他的写作可以视为对贫困和被压迫的阶层（正在失去和消亡）的生活方式的救赎式估价和辩护。（布尔迪厄的这种批判方式，使其从属于一个人数可观的社会学思想家共同体，这些思想家受到马克思主义和浪漫主义的影响，这里仅举几例，从沃尔特·本雅明和乔治·卢卡奇［Georg Lukács］到雷蒙·威廉斯［Raymond Williams］和约翰·伯格［John Berger］[24]）布尔迪厄在论及那些生活在前资本主义社会中的人时说道："事实上，那些成长于差异很大的文化传统中的行动者，只能够通过**创造性革新**的手段成功地适应商品经济，这与纯粹呆板、被动的调和完全相反。"[25]

尽管布尔迪厄和德里达在规训和职业方面的态度很不一样,[26]但布尔迪厄的"惯习"即便无法被识别,却仍然能给我们提供一个直接相关的视角,去看德里达所谓的法语秩序的"绝对栖息地"。德里达叙述中那些令人心酸的、诚实的、自我折磨的细节——他对纯正法语发音的钟爱,他听到某人不纯正的口音时的不安(他在《他者的单语主义》中举的例子是勒内·夏尔[René Char],46),他意识到这些不正当的感受来自他自身的一种令人不安的歧视倾向时的羞耻/罪感,他面对这种事实上与他自己的语言观难堪地相抵触的冲动时的无助——不正是一种特定性情的症候吗?这种症候以非话语的方式习得(甚至它表现为对语言有过敏症)。为了能够完全自然而然地使用某种语言,这种症候从童年开始就得到规范地练习;为了反复爆发出本能的、自发的知觉能力,这种症候深深地寄居在语言中。法语这种绝对的栖息地,作为一种无形的但又起决定作用的存在边界,完全以惯习的形式被具身操演,由于厌恶着那些不能地道地、恰当地言说它的人,这个栖息地充斥着偏狭的性质。正如德里达所坦陈的,他一听到南方口音就无法忍受,事实上,这是一种折磨。

但是,让我们像布尔迪厄考察卡拜尔工人那样,更耐心地考察一下德里达的策略。正如我前面提及的,在殖民地阿尔及利亚的法语秩序层次上对"他者的单语主义"进行理论化时,德里达已经绝对坦诚地就自己的特定匮乏感做出贬损式的说明。这种匮乏处于通向爱德华·格利桑的《漫谈安的列斯》(Le Discours Antillais)的核心地带，德里达把它作为题记并在自己的文章中反复引用："'匮乏'不在对一种语言的无知（méconnaissance）中，而在对一种挪用的语言的不精通（比如在克里奥尔语［Creole］或法语）中"（题记页，第23页再次引用）。[27] 在这个意义上，法语的绝对栖息地似乎在逻辑上已经构成了惯习（被殖民者与这一栖息地的关系的总和），又进一步被具体化为一种（后）殖民的匮乏，它在许多情况下，都是深沉的忧郁的根源。但是，德里达最后没有对这种匮乏进行回应。相反，**他从后殖民言语的崎岖地形的述行状态里面获得一种乐趣**。也许，在德里达对语言作为遗产的哲学思考与布尔迪厄对惯习作为持久性性情结构的社会学思考之间，存在着一个不可思议的交叉点。

正如布尔迪厄阐明的，当前资本主义经济秩序中的行动者在面对一种新的经济秩序时，将会被纳入一个适应性的过程，所以我认为，最终可以把德里达在殖民主义情形下对掌握被推定为纯正的法语的抗拒，视为一种道德/伦理，也即，一种超越或**克服**殖民地生活环境的严格界限的努力。如果说作为一种"被培育出来的性情"，惯习"使每一位行动者，通过无穷的创新手段，从少量内隐的原则中生产出所有与挑战和反击（而且不存在其他行为）的逻辑准则相一致的行为规范，而某种仪式的模式化展开将不再需要这些创新手段"，[28] 那么，德里达的工作，事实上也是他毕生致力探讨的问题，即语言作为延异

（différance），作为时间上的不一致和延宕，难道不能确定无疑地被视为积极调适惯习的"创造性革新"？在特性上，这种创造性革新专事一种特殊的**委托**，它让语言留在一个幽灵的状态中，而不完全是本体论的，好像为了挡开任何具体化形式的亵渎（或诅咒），特别是政治的具体化形式（比如殖民化）。[29]

从殖民主义的更具摩尼教色彩的（Manichean）阅读方式看，**掌控**（mastery）可能携带着文化至高无上的意味。德里达坚持认为，主人自己从来就不算是完全意义上的主人。"与一个人最倾向于相信的情况相反，主人什么都不是。他并不绝对拥有任何东西"——包括"他的语言"，他"并不**天然地**独占他的语言"（23，德里达的强调）。布尔迪厄以这样的方式描述卡拜尔社会中仪式性交换的动力学："即使最具有仪式性的交换，其所有行动的推进时间都被严格地规定好了，但仍然允许策略性的对抗，因为行动者仍是那些强制性时间间隔的主人，因此最终其能够通过玩弄交换节奏的方式向对手发起反击。"[30] 布尔迪厄强调的**时间间隔**，正是他笔下的行动者采用的所有可能的策略，这与德里达用自己的方式讨论"主人"的（语言学—经济学）策略具有一致性，这仅仅是一种巧合吗？

布尔迪厄批判工作的人种志导向，凸显了一种文化上折射出来的差异（卡拜尔社会对抗法国殖民主义和现代资本主义），这强烈地暗示了一种因此而来的**不平等**，鉴于此，德里达立即不那么坚定地进一步深入到对这种不平等的论述中。在德里达看来，文化间的差异和不平等仅在确定性的分化中才能被理解，最终，这些分化并没有使语言遗产最重要的意义变戏法似的出现，包括殖民指令下的语言秩序。在这个意义上，德里达把殖民主义解读为既是特殊的又是普遍的：殖民主义既是使用暴力或狡计挪用语言的特定案例，同时也是包括这类挪用在内的**所有**语言实践。例如，关于殖民地主人，德里达写道："因为语言不是他的天然所有物，多亏这一事实，他才能通过文化篡夺这一暴行——这一直是殖民的根本含义——假装历史地挪用语言，以便强迫它成为'他自己的'。这就是他的信仰。他希望通过使用暴力或狡计使其他人共享语言；他想通过修辞、学校或军队使其他人相信这种语言，就像他们创造了奇迹那样。"（23）[31]

尽管德里达以这种方式把殖民主义等同于"政治幽灵非自然的建构过程"（23），但他仍旧不愿意严格地按照殖民主义的方式来分析语言，因为他说所有文化都因殖民主义而开启："我不可能直接分析语言的政治，我也不想太过轻易地使用'**殖民主义**'世界（原文如此）。**所有文化根源上都来自殖民**……每一种文化都是通过单方面实施一些语言'政治'来使自身制度化的。正如我们所了解的那样，掌控来自命名、强制和称呼合法化的权力。"（39，我的强调）[32]

德里达的立场可以追溯到他对时间意义的特殊强调。我曾经在上文提及布尔迪厄的分析方式是救赎式的，鉴于此，布尔迪厄使我们意识到：抵达阿尔及利亚社会的资本主义，如何导致了当地传统的社会关系运作方式（所有的交易，尤其是经济方面的，不得不并入或化约为资本主义的算计逻辑）的弱化和消失。尽管德里达同情那些遭受压迫的贫弱群体，但他是从关注未来的角度审视语言的栖息地和惯习的，这个未来被认为是尚未到来（à venir）因而无法被完全认知的时间。德里达没有把一个已知的他者或一种逝去的文化（比如阿尔及利亚的文化）视为一种语言作为栖息地／惯习的矫正性或替代性思考路径，毕竟不同社会是共时共存的，[33] 而是指出，这种他者性（otherness）必须被当作寄居在语言内部的或构成语言本身的不可预测之物。语言作为某种事物，包括主人和殖民者在内的任何人都不可能拥有它；语言具有一种固有的性质，能够挫败任何把它据为己有的尝试；语言终究是无法本土化并加以计量的（29—30）；语言作为一种翻译，它只涉及目标语言而不涉及原初语言（60—61）；这些思考构成了德里达所谓的"他者的单语主义"更为深邃的含义。在这个例子中，单语主义不是为政治权力或狡计所强加的排他性标识，它更多是一种独一性的承诺，这种承诺没有确定的目标，因而具有救世主的特征："不可能在这种承诺之外言说……这种承诺给出了**一种**语言，即惯用语的独特性，但只有通过承诺，单语主义才能给出这一点。只有存在着整一性，才能确定无疑地拥有这种**独特性**。这与他者并不矛盾，甚至没有区别。这是他者**的**单一语言。这个**的**并不怎么指涉财产来源：语言是为了他者，来自他者，是他者的**这**

种到来。"（68，德里达的强调）[34]

换句话说，正如德里达作为一名阿尔及利亚的法国-马格里布犹太人（Franco-Maghrebian Jew）讲法语的个人经历所暗示的那样，对"他者的单语主义"的理解在德里达这里，不可能局限于殖民霸权的残忍与恐怖。德里达把殖民主义霸权，包括其逻辑以及政治反抗与解放行动中可能的变形，理解为：不过是一种诡计（un tour）罢了（24），它遮蔽并掩饰了语言的真理。事实上，殖民主义的历史，连同其不计其数的权力斗争片段，应该使我们意识到，在召唤未知这个意义上，本质上种类繁多而不统一的语言（他者），是如何寄居（在我们身上），而且是作为一种未来永远地寄居（在我们身上）的："召唤异质的开放性，总是取决于某种语言，这种开放性允许一种语言言说其他事物并对他者言说自身。"（69）[35] 这种开放性也正是阿卜杜勒克比尔·哈提比所谓的"双语"（bi-langue，德里达从该词所在的同一部中篇小说中提取一段引文作为其《他者的单语主义》的第二条题记）："从语言到语言，一个存在的事物出现和消失，一个需要超凡能量的特殊事物。我们称这个事物为双语，它不同于所有通过翻译来自我确证和自我掩盖的思想。我甚至要说，这个'我们'是第一读者的方案，我面对着任何其他读者。在这场辩论中，我将最终在另一个读者那里认出我自己，我终将把我分割的灵魂的一部分献给他。"[36]

正如"他者的单语主义"这个短语所能够表达的因政治而

可能丧失的赎回权含义，在超越所有权的遗产意义上，这个短语表明了其乌托邦式的潜力："他者的**这种**到来"（68，德里达的强调）。阿卜杜勒·贾瓦德以自相矛盾的态度写道："德里达把一种语言的'匮乏'转变为语言的'过量'，就相当于他把不包含在这种语言中的事物，转变成了对语言的'屈从'。"[37] 屈从，在更为传统的政治性表达中意味着接受敌人的碾压，但对德里达而言，是一种积极的、稳定的服从他者的姿态，这个他者是不可抗拒的，也是客观存在的。

单语主义和多语主义：尚待处理的问题

德里达机敏地对单语主义进行了他者化，使之转变为一个广泛的、不可计数的现象。在不同层面上，德里达的他者化工作都是对当下更为时髦的语言和文学论争的一种引人注目的干预。在那些论争中，单语主义几乎总是以背离的方式被提及，暗示了单语主义标识着地方主义和文化的匮乏，与多语主义成熟的世界性相悖。"哦，我从小说法语、阿拉伯语、日语和西班牙语！"这类漫不经心的宣告经常给人们造成一个印象，比如，说多语的人一定比堪萨斯州只懂一种语言的乡巴佬优越。对德里达来说，这种对多语主义的新自由主义态度把语言作为个性化商品，松散地列举并且像处理珠宝或一堆真实的财物那样贴上标签，不足以把握其关键问题。有一种观念认为，一个人拥有的越多，其经验就越好、越丰富，德里达反对这种观点，他指出"不可能对语言做出数据统计"（30）[38]。在同一段落中，德里达继续断言："某种语言的独一（the One）从来都是不确定的，避开了所有数据统计的可数性（责任）。因此，我说的单语的独一性以及我说的语言，将不具备一个数据统计上的身份，或者简言之，不具备任何身份。单语一直都是无法计数的，至少特性上如此。"（30）[39]

德里达在更为严格的意义上，终其一生苦苦思索"他者的单语主义"。事实上，他也需要解构并超越其意义。在此基础上，德里达认为语言本质上是多元多样的，因而也是不确定的，他的伦理立场完全合乎情理。本着赞同德里达哲学视域的精神，我以若干德里达思想干预后仍留存的问题作结。

首先，尽管德里达对语言持独特的立场（一种指向一个不确定的未来的姿态），但有趣的是，当论及平等主义的乌托邦观点时，德里达更关注过去而不是未来，在论及"起源的"情况时尤其如此，正如我们读到的这类断言，比如"所有文化根源上都来自殖民"，还有"每一种文化都是通过单方面实施一些语言'政治'来使自身制度化的"（39）。这些论断之所以令人感到困扰，倒不是因为其普遍主义的腔调，而是因为它们唤起的平等主义的消极（以及悲观）态度。德里达似乎认为，我们能够/可能平等的唯一时刻，就是在我们最初都是殖民的，而且想把一些语言政治强加于他者之时。严格说来，平等主义应该被抛弃，即使它看上去是一种乌托邦主义的形式，因其植根于所有人类文化中的令人窒息的同一性，所以它是一种糟糕的形式，我们不是应该努力摆脱这种形式吗？

其次，因为殖民主义的历史，在世界不同区域的语言之间，持续存在着不平等问题，作为这种考察平等主义的方式（即令人窒息的同一性）的结果，德里达的论点在这一点上并不非常有用。例如，在从前被殖民的地方，英语和法语的支配地位带来了不平等问题，直到今天，某些语言的支配性仍然在实施精神从属、社会区隔和文化污名化方面发挥着作用。[40] 正是这一点引导着诸如爱德华·格利桑这样的作家。他在坚持思考语言（无论是克里奥尔语还是法语）时，带着与多语主义关联在一起的平等主义的意识：

> 在很长一段时间内……单语制傲慢的帝国主义特征与西方文化的传播同时发生。什么是多语主义？不是能够说好几种语言就叫多语主义……多语主义是一种迫切的意愿。它渴望以语言的多样性以及彼此间的相互理解，接纳、认识我们邻近的语言，并对抗西方不断强加的、大规模的语言分级暴力——昨天可能是以法语为标准，今天可能又以美国英语为标准。[41]

如果我们遵从德里达宣称的"所有文化根源上都来自殖民"的逻辑，我们将如同格利桑那样，不必再为语言之间的不平等感到忧虑（因为这是不可避免的），而是把我们的注意力转移到其他乌托邦主义形式（好的形式？）中去，如此，语言从根本上说就是"他者的到来"。格利桑对多语主义中的"多样性"的公开支持，是"对抗西方不断强加的、大规模的语言分级暴力"的伦理方式。对德里达而言，这种寄居在语言中的多样性毋宁是本体论上的给定，其形式是上文说到的"到来"。多样性并非独一性的对立面（因为独一性从来就不是一个），同理，多语主义也不是单语主义的对立面。但正如格利桑正确地提醒我们的，这种观点会把语言之间不平等遭遇的历史放在哪个位置上？

我们不妨回想一下德里达著作标题的第二部分"起源的添头音"，在这一点上，我们必须停下来思考"根源上都来自殖民"这一短语。按照德里达的观点，这适用于所有的文化。我们以德里达教我们阅读的方式阅读，我们不能再坚持往前一步，去解构这个"根源上都来自殖民"的条件（假定）吗？这个殖民性条件被认为是所有文化的起源。也就是说，按照德里达的建议，难道我们不能把殖民性条件视为一个假肢般的附加装置，而不是一个本真的起源吗？1990年代早期，德里达在思考欧洲身份时写道："一种文化从来就不具备一个单一的起源"，"在文化的历史中，人类同源论一直都是一个神话"。[42] **这难道不意**

味着一种文化除了殖民性之外，一定还存在着某种其他的起源吗？如果殖民性被重新认识为添头音而不是本质上的起源，那么，尤其从语言政治和实践方面看，殖民性将会是什么？该问题对那些从事后殖民研究的人来说，可能是对德里达遗产最大的挑战。

二

不像说母语者：言语的后殖民场景和外来语的接近性

> 非洲儿童的正规教育所使用的语言是外来的。他阅读的书籍是用外语写的。其观念生成的过程所使用的也是外语。在他那里，思想是以外语形式呈现的……如今，这个儿童被暴露在完全外在于他的世界所生产的文化面前。他以一种外在于他本人的立场看自己，而这种立场是被塑造出来的。
>
> ——恩古吉·瓦·提安哥：《非洲文学的语言》("The Language of African Literature"，强调系引者所加)

一个非洲人能够把英语学得足够好，并有效地用于创作吗？关于该问题，我的回答是一定可以。如果你从另一个方面发问：他能够学得好到像一个母语者那样吗？我会说，我希望他不能够。

——钦努阿·阿切贝（Chinua Achebe）：《非洲作家与英语》("The African Writer and the English Language"，阿切贝的强调）

"你有一种殖民教育所赋予的东西——清晰的写作风格，"一名教授在我读研究生期间的作业上如是写道。我的成绩是 A。这份作业所探讨的主题我已经不记得了，但是用铅笔写在我研讨课论文上的这句评语是如此刻骨铭心，以至几十年都过去了，这句话还是历历在目。作为一名在美国读研究生一年级的学生，我那时的知识储备尚不足以分析这条评语的含义。虽然这句话并不完全是溢美之词，但直觉告诉我，它表达了某些很重要的东西。让我暂停下来重新审视这条评语的，是其陈述的方式，其力量来自其中的因果关联行为：一种特定的风格特征（清晰）与殖民教育联系在一起，我，或者准确地说是我的书写，被明确表达为这种教育的载体。我清晰的写作风格并不真正属于我或与我相关，而是一种特殊的历史条件的产物。这种历史条件该如何描述？我的教授并没有阐明。我们可以如此思考相关的逻辑：考虑到意识形态教化是殖民主义的目标之一，而且，这类教化行为常常以语言训练实践的形式进行，那么，一个已经学会熟练而准确地使用殖民者的语言且有着清晰写作风格的被殖民主体，只不过展示了某个殖民政权统治的有效性。在其他语境中，言语清晰可以视为一种优点，但在殖民情境中，它明显成为政治和意识形态成功压制的症候。

此刻，我对这条评语感到不安，就像是收到一份意外的强制令。我无法不感到不安，因为我觉得自己也许被不公平地污名化了。尽管时间不断推移，但那种屈尊俯就的怦然一击依然以一种特殊的姿态在我心头盘桓数年：不仅因为我的教授在清晰的书写与殖民主义之间构建出一种相通性，而且，我被评判为这种相通性的具身性体现。在人与一些特定的历史性质之间构建相似性，正是我在另一部著作中所论述的"胁迫性摹仿"。事实上这个现象表明，某些人类群体被认为是一个无法区分的集体，**他们**应该符合一种集体性的样态，看起来或听起来是什么样子，而其他群体则免于这种摹仿的假定。这种情况下，因为我在殖民体系中成长，那么就可以推定，我或我的写作将与殖民统治的效果相一致或呈一种摹仿的关系。[1]

言语的后殖民场景

当然，我的教授的评语所表达的是一种不可否认的事实，也就是说，被殖民主体作为语言或言语主体，会受到殖民主体的深刻影响；无论是否经由系统化的设计，殖民事业的核心都是通过言语规训来积极生产主体的。虽然我的教授可能会因为把我化约为某个类型而受批评，但认识到言语和殖民主义之间的密不可分的关系是对的。我们该如何理解这种关系？如何在探讨言语的后殖民场景时超越熟悉的胁迫性摹仿策略？

在我的经验里，殖民教育的复杂性远远超过了达成一种清晰的写作风格（无论这件事是好是坏），因为殖民教育几乎总是要在语言之间形成持久的对抗关系，殖民者使其语言成为官方交流方式，被殖民者的语言则被降级为已淘汰的或是无关紧要的。正如我将要说明的，即使在最严酷的殖民统治下，后者也不可能完全消失，而且常常以破碎的形式，通过各种残余或过时的手段，比如民俗、神话、习语、影射、教学以及大量日常口语交流，得以传播。（我明白这一点，也是源自自己在穆斯林家庭成长的经验，除了坚持穆斯林的习俗和礼仪，家人还一度把妹妹们和我送到当地一座清真寺去上阿拉伯语课程，虽然他们早就猜到这不会有什么成效。）因此，简单地（tout court）断言，殖民教育中两种语言之间的对抗必然仅仅导致一种语言被另一种语言取代，可能是不准确的。相反，这种对抗关系实际上把被殖民主体放置到了一个有趣的本体论情境中，其中，纯粹的语言实践不再存在，因为如果对立的双方持续性地发生冲突，将使一种语言的使用习惯性地受到竞争的他者的干扰。[2]尽管只有那些在某些方面能够听到干扰的人才能觉察这一点，但这并非双语或跨语际的状态，而是常常以双关、笑话、省略、沉默、突兀的措辞、错误的或离题的用法等形式出现，这些形式标志着不同发音和句法的纠缠。目前，我们不是还没有找到适当的术语去概括它们吗？作为一种群体性的技能，其扩散性和顽固性可堪比拟，这种双语性或跨语际性也许可以借用皮埃尔·诺拉（Pierre Nora）的术语**记忆环境**（milieux de mémoire）来考察。共同的记忆环境通过大量的口头和有形手段保存并传播文化[3]。我们不妨把言语行动、手势、习惯和情感也纳入这类环境中，成为其组成部分。

钦努阿·阿切贝在其著名的研究中尝试着阐释了非洲作家和英语的关系。他从那些参与言语的后殖民场景的人的情感和伦理负担着手分析："真正的问题不在于非洲人是否**能够**用英文写作，而在于他们是否**愿意**如此。一个人为了另一种语言而放弃母语，这是对的吗？这看上去是一种可能导致罪恶感的可怕的背叛行为。"阿切贝的答复是坚定的："别无选择。这是给定的语言，我愿意使用它。"[4]

对阿切贝来说，殖民教育的问题远非源自殖民者意识形态征服议程的写作风格（比如清晰之类），而是一种属于作家的焦灼的语言场景，就像他自己说的那样，需要承认给定性。为了用这种直接的方式对世界范围内的读者说出其活生生的经验，这位非洲作家暗示他不必为使用英文而感到歉意或有罪："我觉得，英语能够承载我的非洲经验的重量。但是，我不得不使用一种新的英语，这种新的语言仍然与古老的英文根基保持着全面的通融，又根据其新的非洲语境得以调适。"[5] 换句话说，语言媒介并非透明、纯粹，或独立于历史。相反，语言可能是一个服务于非洲作家向世界读者发声的工具,事实上,这种语言已经在使用中发生了转型和调整。

众所周知,恩古吉·瓦·提安哥似乎与阿切贝的立场相反,他力倡作家采用母语进行写作。例如,恩古吉提倡在非洲的语境中,作家们使用多种非洲当地的语言(比如他自己的母语基库尤语),而不是使用英语来写作,因为后者是"殖民精英的官方工具和魔法公式"。[6]如果说阿切贝的立场指涉着部分受教育的非洲人中的同化主义者对英语的世界地位的认可,那么,恩古吉则代表着后殖民脉络中严守自豪与自尊的人,他们选择使用其非欧洲的母语来写作。正如被强调的那样,仅就被殖民者感受到的存在主义式的毁灭而言,恩古吉的立场和茱莉亚·克里斯蒂娃(Julia Kristeva)一致。克里斯蒂娃认为,双语主义会给我们带来一种"成为我们自己的陌生人"的处境,最终的结果就是沉默。[7]

总的来说,恩古吉所拥护的感伤的本土主义思想(其使用的修辞提供了许多例子),也许可以轻易地被一笔勾销。他的观点中始终令人信服的部分其实在于,他对语言从来就不仅仅是一个工具这一议题的清晰洞见。所以,他毫不含糊地断言:"子弹是……征服肉体的手段。语言是……征服精神的手段。""语言不只是一连串的单词。语言具有一种暗示性的力量,远远超越了直接的词汇意义。"[8]恩古吉对语言运作的超工具主义的理解,唤起他接触英语的记忆,其方式像是跨过了一个重要的界限并遭遇了不可逆转的损失:"**后来,我去了学校,一所殖民学校,协调性遭遇了破坏。我接受教育的语言不再是属于我自己文化的语言。**"⁹

如果说,开始接受正规教育总是带有某种创伤,那么,正是这一事件将我们作为独立发展的社会性主体"询唤"(再次援引路易·阿尔都塞的术语)进世界。当正规教育把英语的至高无上性赤裸裸地传递给非洲人时,本土语言就成为一种双重的创伤性询唤机制。被论及的主体的构成,正是以语言的夹缝为条件的——而且,处于语言夹缝之间的境况,不仅是技巧问题,而且是文化优劣的指标。恩古吉的文章修辞具有很强的感染力,它试图通过呼吁语言的文化价值载体性质,详细阐述主体形成的过程。在恩古吉看来,语言不仅仅是一种交流的工具,其中还蕴含着**随时间变化而累积下来的经验深度**:

> 人与人之间的交流也是文化演变的根基和过程。人们在同样的环境中反复做同一种事情或行为,彼此间就会出现同样的性情、特定的模式、行动、节奏、习惯、态度、经验和知识。那些经验被代代相传,成为他们对自然和自身采取行动时内在沿袭的根基。有一些随时间推进而缓慢累积的价值,几乎成为自明的真理,形成其判断内部和外部关系中的是非、好坏、美丑、强弱以及慷慨或吝啬等观念的尺度……价值观是一个人的身份根基,是其作为人类

某族群成员的特殊意义所在。所有这些都由语言所承载。作为文化的语言是人在历史中形成的经验的集体记忆库。语言使文化产生、发展、存储、表达,而且事实上还使文化可以世代相传,二者几乎不可分割。[10]

虽然我不完全同意恩古吉的观点,但我认为,他的观点对文化传播过程的概念化颇具教益。"发音、单词、短语和句子中的词序,以及具体的结构方式和规则的特点,区分了不同的语言。"恩古吉写道,"**所以,某个文化不是通过语言的普遍性得以传播的,而是通过有着特定历史、特定社群的言语的特殊性得以传播的。**"[11] 有的思想家把文化传播的条件归因于中介的透明性和全球的共通性,恩古吉不这么认为。在他看来,文化群体的细节才是文化世代相传的行动者和能动者。这些植根于时空中的文化特性,对文化内部的人而言总是易于理解的,但对外部的人而言,可能充满了障碍和梗阻,使其难以彻底融入。[12] 这种群体文化因其特殊性而世代相传,这一观点倾向于在文化群体的内部与外部之间做出固定的划分。恩古吉正是在这个基础上想象着对非洲人与其本土语言的关系进行修复。也是在这个基础上,恩古吉倡导用非洲语言来书写非洲文学,他认为,这种文学终将取代他所谓的"欧非"("Euro-African")写作在当下享有的地位。

阿切贝和恩古吉在1970年代和1980年代持有两种强硬的

立场，二者的矛盾成为长期存在于后殖民理论和文学中的经典论争，在全球化时代，这种角力依然激烈。[13] 而在全球化时代，言语场景因为各种同时发生的背井离乡现象（比如人口贩卖、强迫或自愿的流亡、合法或非法移民）以及无孔不入的新媒体和传播技术，而显得更为复杂。在这种不断变化的环境中，我们该如何讨论言语问题？我们可以在语言与文化价值之间预设何种关系？语言作为媒介的观念，如何与全球范围内的人口大规模流动，以及发即时信息、推特、博客、维基百科、煽动仇恨的言论等其他媒体经验展开竞争（抑或与之并存）？

在回顾两位作者针锋相对的观点时，看上去无可争辩的是其中明显的认识论断裂感。一个文化群体被要求使用或适应另一个文化群体的语言，旨在实现社会控制或**不可逆转**的人口流动。如果曾经存在任何关于语言及其使用者之间的天然联系的幻觉，那么，被迫使用或适应新语言的人们，就会因为上述历史原因和殖民情形而自动地彻底粉碎这类假定的本质联系。也就是说，殖民情境把拥有特权的文化群体的语言（比如英语）强加在其他语言之上，对被殖民者而言，这种语言多多少少是以**外部嫁接**的方式而存在的。这在不期然间授予被殖民者一种特定的先见之明，他们由此领悟到：语言的文化运作及其可能的运作一开始就是人为的，而不是天然的。世界上那么多人都在使用英语这一从外部嫁接的语言工具，以致那些原本以英语为母语的群体，反而只是无限的英语使用者序列的一个变体。

在全球的英语及其使用者之间,可能有着不同的适应程度。

恩古吉在此向他的读者呼吁,通过重新使用母语写作,去纠正殖民主义造成的语言错位。这具有说服力却不切合实际。在这个意义上,本章开始用作题记的、引自《非洲文学的语言》的段落值得注意。严格地说,思想或思考的行为是否总是像外国语言一样运作呢?是不是每一个有一定自我意识的人都经常"站在他自己之外的立场审视自身"呢?[14]通过把这些自我疏离的过程纳入规范的教育体系,成为其可以感知的部分,殖民情境凸显了思考和写作的基础可能还包括每个受过教育的人的语言体验基础。恩古吉提醒我们,殖民主义切断了以非洲语言为母语的人与其文化遗产之间的天然联结,这是一个无法否认的指控,也许,我们还可以从更积极的角度补充以下内容。正是这种带有种族化色彩的中断和割裂,比如殖民教育,赋予那些被征服的人一个特别有利的位置:被殖民者更接近所有语言交流都包含调解与割裂特征这一真理。

在这个节点上,阿切贝有关母语的论述,带着我们跨越了通往恩古吉难以忘怀的殖民学校的门槛,走进另一个地带。阿切贝通过用"我希望他不能够"回应"(非洲人)能够(把英语)学得好到像一个母语者那样吗",[15]指示了另一种跨越,这一次是从殖民学校进入另一个世界。在此,英语和法语的给定性可能只是一种新配置的言语场景的起点而非目的地。

很多难题接踵而至。其中最重要的难题是语言特性的地位问题。恩古吉强调其应该被视作文化传播的主要渠道。我们如何在超越恩古吉保持的本土主义立场的前提下思考这类特性？这种特性能够作为阿切贝的断言"我希望他不能够"中的"不能够"的一部分吗？既然阿切贝的"不能够"在此不是一个简单的拒绝行为，那它是否给后殖民言语场景提供了一把钥匙，进而开启一种既单一又开放的群体性经验？

殖民教育的一些细节

与恩古吉说的很像，我在香港成长期间把英语作为第二语言来学习，这是与外来文化遭遇的记忆。1970年代，我在香港一所益格鲁—中文中学就读，多数课程都用英语讲授。为了强化英语口语，校方实施所谓的"说英语日"，大写字母E的标识那几天就会被贴在学校的建筑上。学生如果被发现说大部分香港居民至今还在使用的本地粤语，就会遭受惩罚。正如恩古吉在另一篇文章中描述的同样的情形："我和英语的关系建立于一个强制性的恐怖奖惩体系上。我在英语读写方面做得好的话，就会得到表扬和嘉奖，但是我如果被发现在校园里说基库尤语，就会受到惩罚和羞辱。我逐渐明白威尔士儿童和我的处境相同，他们如果被发现在校园说威尔士语，就会被要求举着一个写有'不说威尔士语'的牌子。"[16]

我接受的英文教育可能和大部分英国殖民统治下的情况一致，也被小心翼翼地分解成各种不同的部分，包括阅读理解、作文、概括和口语练习（内容是发音和对话训练），每个部分都包含了常规的作业、测试和考试。但是，我们在学习中文方面并不受限。我所在的学校要求学生修习中国文学、历史、书法和各种文类写作，直至学生达到一个更高的水平。事实上，我所在的教育氛围完全是跨文化的，甚至在着装的细节方面亦是如此。按照典型的英式习惯，我们所有人都必须穿校服。对于女生，天气暖和的时候，学校要求穿浅蓝色的宽松中式旗袍或长衫，戴一个金属校徽。冬季的制服比较厚，由深蓝色布料织成，外面罩一件英式羊毛夹克，其左上方口袋上绣着学校的标志。每天早晨在学校礼堂集会时，我们都要唱英国圣公会的圣歌——它来自一本有着蓝色封面的袖珍英文《圣经》，还要聆听校长或牧师通过麦克风诵读、讨论詹姆斯钦定版《圣经》里面的段落。在烦人的"说英语日"，那些起提醒和警示作用的 E 标志被到处张贴，除此之外，我们就可以相当自由地用粤语和同学们开展各种活动。

不用说，这些教学活动的情境都是人为的。其显而易见的跨文化不平等，正是在香港的中国人自 19 世纪中期以来就逐渐适应的生活世界的框架。除了不同的学科分支（从化学、生物、物理到历史、艺术、家政和木工），像我这样的学童学到的是我们必须达到社会评判的特定标准。这种情况下，人们就认为拥有好的英文水平对未来的成功至关重要，而对中文的掌握就仅仅是众多人生选择中的一种而已，无论中文多么令人钦佩又高深。[17] 鉴于此，人们几乎不会因为中文糟糕而感到羞耻。即使作为一个孩子，我就意识到，公开承认这一点其实是出于表演的目的，它在含沙射影地进行微妙的阶层区隔，依据一个人与其母语和文化的距离进行阶层度量。这说明了我所接受的殖民教育中最残酷的层面，还不在于为言说殖民者的语言而戏剧性地放弃母语，而是在于它对文化价值等级的灌输。英语知识尽管是一种障碍，但它对中国的儿童、青少年（以及许多成年人）来说，也是社会进步所不可或缺的。的确像恩古吉描述的那样，殖民统治下的教育在人身上植入了一种经验，使其不断地从外在于自我的立场来审视自己。但是，这种自己文化的重要性不被理所当然地尊重的经验，也赋予像我和同龄人这样年轻一代早熟的智慧。对被殖民者而言，正是因为中国文化被贬低（尽管中国的事物在被殖民统治地区随处可见可闻），在一部分私密的自我被连续不断地规训、被**客体化**的过程中，中国文化成了一种教训。在这个过程中，接受教训同时也是疏离或疏远最亲密的自我，这应该被视为言语的后殖民场景的先验条件。

在香港，本地语言和文化环境的异质性使事情在过去和将来都复杂化。因为古汉语没有可供学习的字母表（可以通过拼写认字），甚至仅能说中文的人在学习中文时也同时采用两套常用的系统，即发音和书写。对说普通话的人而言，声音和书写之间的近似性即便是人为的，也更容易归化。原因很简单，因为自 20 世纪早期以来，普通话就成为现代中国的国语。（中华人民共和国成立以来，拼音成为建立在欧洲语言基础上的罗马化中文的官方系统，进一步巩固了这种归化。）但是对香港的学童而言，他们在家都是说粤语，他们和中文母语以及自我文化的关系从一开始就更多地被体验为自我疏离。香港的学童若要写一篇简单的文章，他们除了必须记住书写汉字的笔画（这是一个与发音无关的系统），还要记住标准的中文书面语的**说话**方式（其语法与普通话，而不是粤语的口语相一致）。这里，我们可以从一个简单的口语交流，看出其中包含的语言异质性。这个日常会话用英语可以这么说：

A: What shall we eat?
B: Whatever.

用普通话写出来，是这样的：

A: 吃什么？Chi shenmo?
B: 随便吧。Suibian ba.

用粤语，则是这样：

A: 食乜好？Sik mut ho?
B: 是但啦。See daan la.

换句话说，对那些不是以普通话为第一语言的人而言，学习现代汉语的过程典型地说明了现代书面语文化构成的人为性。借用酒井直树（Naoki Sakai）讨论日语时的观点，我们可以说这种文化构成"被一种新的读写能力观念给标识出来了，它把读写能力和多语制以及双语制区分开来，重新把读写能力主要界定为一种'制度'，或一套与文本实践相关的动态关系，把假定存在于直观的普通日常语言中的内容，转写成一些可以留存的形式"[18]。我们还可以补充，这些可留存的形式是出于民族主义的目的而推进单语制的。其中，书写与声音（或者更准确地说，一套选定的声音）被加工得好像是一个真实的统一体，仿佛二者是一体的。

所以，香港的学童在学习英语之前，都必须学会在其本地发音和官方化、归化的中文之间进行调和，这种归化的中文在词汇、发音、句法和习语方面都与粤语不同。对这个孩子来说，学写应当作为母语或本地语言的中文时，一个简单的书写动作事实上就意味着对个人性的发音和听觉编码的抑制或中断，以便这个孩子遵守正确的、标准化的现代汉语书写方式（即基于普通话的发音和听觉编码），而被抑制的编码系统，则是这个孩子最初的语音媒介中的听说方式。因此，用恩古吉的话说，在英国殖民情境之外，本地言语场景就已经提供了不同于香港学童第一语言的概念化，使其站在外部的立场重新审视自我。在本地文化的多重语言地带，转码已经在积极发挥着其重要性，鉴于此，我们可以推测，一旦一个儿童跨越了下一个象征性的门槛，进入殖民学校系统开始习得英语，那么，一种无以言喻的干扰就可能裹挟在其复合性的言语经验之中。

语言的丧失

尽管恩古吉的观点以本土主义为前提，但它仍有很强的相关性，因为他在论述殖民教育时，反复暗示了丧失的幻觉。鉴于被殖民者失去了与其母语的和谐关系，在这个意义上，后殖民场景是忧郁的。殖民入侵意味着被殖民者被永远地从其语言文化中放逐，诸如恩古吉这样的作家尝试着修复原初关系，其努力在许多方面都令人感到困扰，因为它们注定要落空。曾经被殖民的人似乎陷入了忧郁的渴望的恶性循环：他们被殖民者从本土语言中放逐，习惯从外部立场进行自我审视，遭受着悲伤的折磨，渴望回归已然失去的和谐，然而必须在无望回归的世界里继续图存。[19]那些说粤语的学童，在英国殖民统治时期的香港和回归后的香港长大，其语言轨迹也可以从这个角度进行探讨。按理来说，他们的情形更加令人沮丧，因为与粤语的和谐关系通常也会因为殖民的境况而遭遇破坏，而且那里有清晰可辨的外来统治阶层。[20] 假定的母语普通话也会要求个体从外部立场进行自我审视，因此，与粤语天然或归化的和谐关系是不存在的，那么，我们是否可以说：后殖民场景中，个体与语言的关系，无非是一个永无休止且无从弥补的丧失之链？

自 20 世纪以来，出现了大量把丧失进行理论化的工作。沃尔特·本雅明对灵晕（aura）消失的讨论在这个关键时刻显得尤为重要，尽管其效力没有立即显现，但其观点在摄影、电影和其他视觉媒体等不同领域激发了不可胜数的争论。为了说明这一点，我们不妨简要回顾一下本雅明对波德莱尔（Baudelaire）抒情诗的阅读。在这部著作中，本雅明描述了灵晕的衰减，它是波德莱尔诗歌的独特性及其效果的根源。波德莱尔具有把其所处时代的历史境况所带来的威胁或危险转化成一种清新的、现代主义的书写方式的能力，这与其抒情诗的独特性密切相关。由诸如照相机等技术带来机械感知关系的冲击与余震，渗透在像巴黎这样的城市的公众之中，这在波德莱尔那里成为一种新的美学意识，这种美学形式表达着抒情诗与高度发达资本主义之间独一无二的亲缘性。有关目前的讨论，特别值得关注的是，本雅明描述灵晕遭遇变化时的微妙方式。从下面这段晦涩难懂的文字中，我们可以看到这种微妙：

> 如果我们把灵晕认定为一种存在于非意愿记忆

（mémoire involontaire）中无拘无束的联想，它倾向于聚拢在感知对象的周围，那么，它在使用对象中的相似物就是一种留下手工实践（practiced hand）痕迹的经验。(Wenn man die Vorstellungen, die, in der mémoire involontaire beheimatet, sich um einen Gegenstand der Anschauung zu gruppieren streben, dessen Aura nennt, so entspricht die Aura am Gegenstand einer Anchauung eben der Erfahrung, die sich an einem Gegenstand des Gebrauchs als Übung absetzt.）以照相机和随之而来的类似的机械装置为基础的技术，扩大了非意愿记忆的范围。借助这些装置，任何事件随时可以以其声音和视像的形式永久地保存。所以，这些技术装置为社会带来了重要的成就，同时曾经的手工实践正在式微。对波德莱尔来说，银版摄影技术中有一种东西令人极度不安甚至恐惧。[21]

有趣的是，在这里本雅明没有像某些人想的那样，顺理成章地通过心理学术语来探讨非意愿记忆以定义灵晕，而是依赖一个物质的、手工的参照系统：**匠人在一个使用对象上留下的印记**。本雅明写道，灵晕可以被理解为围绕在被感知事物周边的关系总和，一个匠人的身体接触手工器皿后留下的痕迹。在论述波德莱尔的这篇文章的另一个段落中，本雅明把灵晕无尽、持久的品质等同于经验（Erfahrung）。同样，当本雅明（在同一篇文章中）论及讲故事的行为，并将其与（瞬间摄入和处理的）信息进行对比时，他强调"故事这一客体并不传达事件本身，这是信息的目的，而是把自身嵌入在讲故事的人的生命中，进而把故事当作经验传递给听故事的人。因此，故事承载着很多讲故事的人的印记，正如陶器上面有陶工的手迹（So haftet an ihr die Spur des Erzählenden wie die Spur der Töpferhand an der Tonschale）"[22]。最终，在《讲故事的人》里面，本雅明以几乎相同的语言再次援引了灵晕的同源性："故事上附着的讲故事的人的踪迹，与土罐上的陶工手印如出一辙（So haftet an der Erzählung die Spur des Erzählenden wie die Spur der Töpferhand an der Tonschale）。"[23]

在这一系列的阅读中，手印既是一种**特殊的**感官标记（即人类劳作或人类互动留下的结果），也是时间推移过程中不那么特殊的匿名沉积物，也即一个嵌入集体或社会的记录，但其确切的起源却无从证实。这种经验的嵌入性，本雅明使用物质性的术语"聚拢"和精神性的或知觉性的术语（以非意愿记忆的形式）"萦绕"来描述，并与有限的、瞬间的经验（Erlebnis）相区分。归根结底，这种嵌入性可以理解为传统的特质。总而言之，传统是由所有那些已经逝去的人所创造的，他们不断地以一种匿名的方式，持续地问候我们并影响我们。对本雅明来说，这种感官的特殊性与抽象的客观性的综合，正是灵晕的典型特征。

众所周知，本雅明讨论灵晕及其消失的态度是矛盾的。比如，在前文引用的那段文字中，虽然本雅明把照相机的机械性凝视刻画为灵晕的潜在解构（这是波德莱尔感到不安和恐惧的原因），但他又坚定地认为，"以照相机和随之而来的类似的机械装置为基础的技术，**扩大了非意愿记忆的范围**"（我的强调）。事实上，在本雅明著名的论文《机械复制时代的艺术作品》中，他走得更远，他认为摄影机的凝视引入了一种光学无意识（das Optisch-Unbewusste）："摄影机以下降与上升、中断与隔离、延展与加速以及放大与缩小的方式进行介入。摄影机把我们带到光学无意识中，就好像精神分析将我们带到无意识冲动中。"[24] 灵晕的式微指涉着一种丧失。特别是因为灵晕这种古典的感知体制有赖于观看者与观看物之间的稳定距离，方可发挥其功能，所以它才会在机械复制时代逐渐消失。尽管如此，本雅明还是把灵晕的消失构建成一套新型（比如诗人或作者与读者之间、导演和演员之间、演员与观众之间）社会关系的起点，他以此来救赎并重构这一丧失。在本雅明的思考中，灵晕似乎只是被中断了，又重新以一种新颖的构造出现，使灵晕成为可能的东西，恰恰就是使其中断之物，也即照相术和电影导致的机械自动化和逐渐商品化的视觉秩序。

在目前关于言语和后殖民性的探讨中，让我感兴趣的，并非完全是本雅明对技术复制的批判或由此而来的他对技术复制的政治进步主义的关注程度，而是**他切入丧失问题的方法**。其中，一种经验（灵晕）通过一开始造成其消失的历史力量（比如机械自动化和技术复制）而得以重构。这个方法中似乎蕴藏着一个巧妙的辩证逻辑，并且可能为解决言语的后殖民场景中的难题提供了一个线索。

这种情况下，恩古吉对非洲人使用英语或法语写作的否定性回应与波德莱尔对照相术的恐惧就别无二致：这两个案例中，导致作家（波德莱尔和恩古吉）深感不安的是，他们认识到自己掌握的语言因为侵略性的外部环境（照相机的到来或欧洲人入侵非洲）而遭受清除，进而不可挽回地丧失了这种语言。我认为，本雅明在这个问题中的重要性，来自他意识到这种丧失是生成或重构一个更大的世界历史的一部分，那些深深植根于特定时空和社群的经验，在一个全球媒介环境中逐渐得以"解放"、流通。从这个角度看，灵晕的衰落意味着一个世界的到来，其中，这类集体经验的本质发生了重要的转变。从此以后，集体经验不再完全从属于已知的社群，而是被认为是一种开放的源泉，其特征是：陌生人出乎意料地来来往往，流散事物的并置，远距离或不相关的事件的聚集。本雅明对灵晕的复杂解读，可以借来作为探讨本土语言的后殖民消亡的替代性方法吗？

在本雅明的笔下，手工实践留下的印记——那些因为工匠的触摸而瞬间产生的痕迹——通过大量操作者匿名地传递给我们，现在，如果我们替换一下本雅明笔下的使用对象，把"语言"作为感知对象，那么，这种痕迹或印记又是什么呢？语言在一个类似于我所说的"感官的特殊性与抽象的客观性"的混杂情境中，会不会被大量的言说者、写作者和读者在所有使用的过程留下无数的损耗呢？因此，语言也可以被视为某种灵晕的场所（附带着灵晕指涉的所有共享的集体特质和经验深度），那么，一种另类的后殖民言语的概念化该如何进行？

语言的获得

在理论上，本雅明所强调的灵晕遭遇的历史转折，也可以与福柯在他早期作品《知识考古学》（*The Archaeology of Knowledge*）中描述的énoncé（通常被译为"被说的事物"或"陈述"）现象相关联。[25] 福柯在他这本最不受欢迎的著作中，使用结构主义的分析框架，旨在从学术上尝试挖掘被遮蔽和省略但又不断被呈现的非统一性，这种非统一性控制着交错的现代知识生产轨道。也许，福柯在这本书里面已经必然地超越了结构主义框架的边界。这种不可估量的超越，既是福柯所讨论的主旨，也是其讨论的形式，他为之贴上了各种标签：**话语**、**考古学**和**档案**。总之，这是一个开放的领域，不同历史时期的陈述及其影响和潜力置身其中。福柯间接地解释了他对**考古学**这一术语的定义，这是"一种用于描述**档案**而设定的文字游戏"，他在另一篇文章中进一步对档案进行了清晰的阐述："提到档案这个词语，我首先指的是一种在文化中得到表达、估价、再利用、重复和转化的被大量言说的事物。简而言之，就是人类创造的整个言语系统，贯穿于他们的技术和制度，交织于他们的存在和历史。"[26]

因为本雅明的参照框架明显具有宗教仪式和美学的色彩（故而在欧洲艺术脉络中，灵晕的衰落可以被解读为世俗化的结果），那么我们可以说福柯的参照框架具有认识论和历史编纂学色彩。他关注的是，"被大量言说的事物"如何构成了对真理和历史具象化提出规范性诉求的基础。尽管两位理论家在努力地理解集体经验的累积性与模糊性时非常不同，但二者间的相似性是非常惊人的。对本雅明和福柯而言，集体经验的难以捉摸不一定是因为它短暂而模糊，而是因为它不停地在不同时代之间反复穿越。这种经验以积聚的形式体现在我们身上，其决定性因素正是来自它穿越了数个世纪或千年、穿透了无数的身体（手、呼吸）。换句话说，集体经验在时间上具有累积性，在身体上具有残留性，其精确的源头不再是绝对清晰可辨的。所以，福柯用被动语态构思这种集体经验，即已被言说的东西，正如他在一个关于先锋作家雷蒙·鲁塞尔（Raymond Roussel）研究的访谈中指出的，集体经验不过是一种**被发现**的东西。[27] 当被问及在解释"语言的获得"问题时是否觉得有挑战性时，福柯重申其兴趣在于具体历史条件下被说出的事物，以及在我们世界里部分持存着的话语因素，进而坦诚地回应道：

嗯，话语模式是我的兴趣所在，也就是说，语言结构并没有提供多少言说的可能性，真正发挥作用的毋宁是**我们生活在世界中**这一事实，**其中的很多事物得以言说**。事实上，这些言辞并非人们倾向于认为的那样，像风过不留痕，恰恰相反，这类言说留下了多种多样的痕迹。**我们生活的世界完全为话语所标记、所纹饰，换句话说，这是一个已经被言说、被确认、被质询的话语世界**。在这个意义上，我们生活的历史性的世界，不可能与所有的话语因素分开，这些因素嵌在我们的世界里，因为经济活动、人口统计等而继续存在。[28]

话语的特征就在于它是一种预制的东西，或者从字面上讲就是一种"被发现的事物"（objet trouvé，用马塞尔·杜尚［Marcel Duchamp］的话说就是 tout-fait 或现成的）。福柯既不遵从工具主义观念把语言作为交流工具，也拒绝唯心主义观念把语言作为一种内在的情感特质。相反，福柯对待语言的方式让我们想起本雅明的"非意愿记忆"和皮埃尔·诺拉的"记忆环境"，他要求我们把话语视为一种不连续的、活生生的经验集聚，或者是一种可以命名为"已发生的陈述"（déjà énoncé）而构成的网络。这种陈述是已经被言说和聆听多次的共鸣、含义、联想和（自愿和非自愿的）记忆，它们依附或盘桓在最简单的个人言说行为之上，就像本雅明比作陶工手迹的光晕。正如福柯所言:"当然,话语由符号组成,但其功能**远远**不止于使用符号去指示事物。正是这种'**远远不止于**',使话语不能化约为语言和言说。这种'**远远不止于**'也正是我们必须揭示和描述的。"29

在这个意义上,我们就可以理解,尽管福柯辩口利辞,但他在尝试讨论"陈述"究竟是什么时,无法就其思考的内容,展现一个更为具体而精确的阐述方式。他反思主体时的语气具有临时性、探索性和猜测性,就像他哪怕是在写完一整本书后,还是无法确定一个精确的本质,或抵达他在《知识考古学》里规划的目标。

如果陈述的确是话语的最小单位,那么,陈述又是由什么构成的?陈述最独特的性质是什么?人们应对其设置怎样的边界?

当诸多符号并置时,哪怕只有单一的符号,陈述就出现了。

(陈述)扮演着一种残留元素、一个单一的事实和无关紧要的原材料的角色。

陈述有其独一无二的方式(既不完全是语言的,也不仅仅是物质的）……

我们在陈述中必定找不到一个或长或短的单位，其结构既强亦弱，但可以在一个逻辑的、语法的、迂回的关系中**捕获**一个与其他类似的单位。

（陈述）就其自身而言，不是一个单位，而是一种功能，涉及结构和可能的统一性领域，而且在时空中揭示其具体内容。[30]

作为福柯思想最具洞察力的评论者之一，吉尔·德勒兹以神来之笔解释道："（陈述）观念的核心在于实质性的构造，其中**'多'不再是与一**（the One）**相对的谓词**。"德勒兹简洁而明确地指出，"固有的变异"（inherent variation）和"内在的变量"（intrinsic variable）嵌入陈述的"原初功能"（primitive function）中，他进一步把陈述阐释为"一种穿越所有层次的多样性"以及"一种匿名的功能，它仅把主体的踪迹留在第三人称中，作为一种衍生的功能"。[31]

根据德勒兹的提示，我们可以再往前挪移一点，用更加规范、文学的术语进入"陈述"。因为在"陈述"背后持续存在着言说主体的声音，我们是否可以说，"陈述"是一种删除了引号的引用？用文学分析的术语，"陈述"难道不是与"自由间接风格"（free indirect style）有着很多相像之处吗？"自由间接风格"中的言说或思想显然来自某人或某处，但无法归因于某个特定的、可指名的主体（比如叙述者、言说者或人物），因为言说主体之间的传统边界已经在阐明过程中被在场的不止一种声音之间的竞争模糊了。这种语言上的多元场景，米哈伊尔·巴赫金（Mikhail Bakhtin）从哲学上将其命名为词语的复调或对话状态。[32] 准确地说，这个连续的众声喧哗的状态，也即事物无数次地被言说和聆听，对福柯而言是历史知识最突出的特征。这种知识充满了言说行为的物质沉积，但这些行为本身已经完成了，它们随着时间推移，在其回响中变成被动的或类物的，且不再明确地依附于任何具体的能动者。

如果历史迄今为止被认为是所有已言说和已完成的连续事件的可计量的总和，那么，"陈述"的观念则表明，历史应当重新概念化为这种形式：支离破碎的话语事件的一个不可化整的场域。与其说历史是通过固有的关联形式和稳定的独立主体得以形成，倒不如说它是通过突变、断裂、破坏，在分散和遗忘的偶然爆发或不规范的数据碎片中形成的。福柯在他论述作者身份问题的知名论文中，对该过程进行了详细阐述：

> 所有的话语……都将在匿名的杂音中发展而成。我们将不再听到这个问题……谁真正在说话？真的是他而不是其他人吗？以何种真实性或原创性说话？……相反，真正值得追问的是其他问题，诸如：话语的存在方式是什么？

它在何处被使用，它如何流通，谁可以将它据为己有？可能的主体的空间是什么？谁可以承担这些不同主体的功能？在所有这些问题背后，除了萌生一种冷漠，我们将什么也听不到：谁在说话，又有什么区别呢？[33]

我们可以换一个说法："陈述"在某个特定时刻的出现，也即它被发现的条件，往往是一个巨大的秘密话语关系团块的索引，即使这种话语关系看不见也听不见。和本雅明对光学无意识的探讨有着惊人的相似，福柯也从无意识角度总结了这些大规模的话语关系：

> 但是，这些不可见的关系将不会被视为一种从内部激活显性话语的秘密话语；所以，这些关系也不是一种可以阐明的解释，而是其共存、承续、相互依赖、交互决定、彼此独立或相互转化的分析。总之，借助某种语词游戏（尽管这些关系从来都无法得到详尽的分析），它们形成了可以被称作"无意识"的东西（意识在这种描述中从来不会出现），不是言说主体的无意识，而是被言说事物的无意识。[34]

显而易见，作为一项捕获"陈述"中杂音的雄心勃勃的计划，福柯的考古学根本是一项未完成的事业，因为这原本就不可能完成。在这项事业中，理解历史中的事物需要深入到大量已经被说的事物叠层中，要围绕这个不断远离、持续过量和不断变化的"被说的事物"，才能把握其意义。如果语言不再被视为一个线性的、有逻辑的进程，而是在碎片中散播和被发现的真实话语，语言的使用就相当于一种新的行动，一个存档的过程，它包含着一系列不断变化的过渡，这种过渡发生于沉积物、遗迹、挖掘和改造的不同阶段之中。综上所述，我们将在使用语言时，与他人留下的那些经时间累积但又往往不完全清晰可辨的经验相遇。正是在这种既特殊又匿名、既个人又非个人的使用中，语言在我前文提及的"言语"（languaging）过程中才得以自我变异和自我更新。

外来语的接近性

有了本雅明和福柯作为对话者，阿切贝和恩古吉就语言特性的争论中所浮现的重要问题，就可以重新梳理为两个密切相关的分论题：

在后殖民情境中，如何在不放弃深度和沉积的情况下，思考经验的传递（或运动）？

在后殖民情境中，如何构想体验的深度，而不是将其理解为无可挽回的丧失？

正如恩古吉雄辩的论述所展示的那样，学界对这类问题的一种经典反应是寻求本土主义转向的庇护。在恩古吉的例子中，这种转向包括重新赋予从前被殖民的人们所使用的本土语言以效力。虽然恩古吉在非洲人写作领域中重新恢复（非洲人原初语言的）母语者形象的理由尤其令人肃然起敬，但如果要按福柯的话语档案观念来对语言重新概念化，就有必要提出不同的问题，进而动摇我们更为熟悉的论述基础。

也就是说，任何一个寄居在话语档案中的人，都能够被期望做一个母语者，并且其发音可以永久免于其他言说和书写形式的干扰吗？这种被推定为独立主体和作者的母语者，被认为完全掌握了其语言，且与其自己的发音合而为一，这种观念事实上正是福柯所论及的认识论单位的最后堡垒。这种母语者观念，难道不是象征着那种排除了非连续性前提的历史悠久的知识生产实践吗？如果我们用**母语者**代替下面段落中的**主体和主体性**，福柯的观点对目前的问题的意义就不能忽视："历史为了确保主体的独立性，不得不被叙述为连续的，但相应地，一个构成的主体性和一个超验的目的论不得不贯穿整个历史，以便后者能够在其统一性中被思考。所以，知识的匿名的不连续性就被排除出了话语，并被抛掷到无法思考的领域。"[35]

因为母语者被认为占据了一个未遭侵蚀的起源点，所以学习一种非母语的语言只是一种可悲的近似性练习。无法完全像母语者那样发音，便会得到一个贬损的名称——"（外来）口音"。换句话说，说话带有口音是不完全的同化，是消除另一种发音的竞争性共存的笨拙尝试，这正是不连续性的症候。用地缘政治学术语来说，说话带有口音就等于展示（而不是成功掩饰）个体的外来出身和移民身份的尴尬证据。（比如，想想德里达在某些场合无法完全摆脱他的阿尔及利亚口音时的不安。）相反，母语者因为据说没有口音（或者我们可以说母语者在口音之外？），其发音就被认为是自然的。

福柯没有把说话的不连续性污名化为错误，而是把这种不连续性视为历史本身的构造，从福柯论述"陈述"的角度，即语言作为一种被发现的事物，对母语者重新概念化，会出现何种情况？我们是否可以大胆地尝试着把母语者视为统一性和连续性保障的化身？准确地说，这些保障寄居在批判认识论的语言边界上，它们被赋予一种并不真正存在也无法持久的原初性或起源性。[36] 只有在非母语者出现时，也只有在更多的语言被或明或暗地展示为杂音和干扰时，母语者的声音才是可听或可辨的。这种"不止一个"的情况，这种口音的多样性，才是任何宣称母语统一性（oneness）的根基。这说明，母语者发音被假定的统一性和连续性，已经嵌入了德勒兹所谓的"固有的变异"之中，而且，母语者的存在先于所有带有不幸口音的外来者，这一错误认知导致了德勒兹所谓的不断地遭受压制的"变异"。正如石静远在她对现代中文实践的出色研究中概括的那样:"语言……在起源上从来就不具有本土性。母语者只有在作为语言的流动载体时,方可实现。"[37]

一旦语言的或者我们也可以说是口音的多样性被复原到发音的领域,任何对母语者的原初性或起源性的宣称都不过是一种断言而已。语言的身份作为一个实体,总是已经借助了与其他语言的近似而存在的,此即语言的临界性事实。只有通过抹除语言的临界性,抹除所有社会互动的历史情境中的不连续性,抹除掉"陈述"的扩张领域,这种断言才是可行的。我认为,当阿切贝回答自己的提问时所说的"我希望不能",就暗指了语言的临界性和不连续性。阿切贝站在积极的、向前看的姿态的对立面,**希望**一个非洲人**将不必**像母语者那样学着使用英文。在此,我们听到一个具有创造性的言说领域出现了。这个领域通过模仿和改造汲取养料,其口音中承载着杂音和多种被发现的发音通道。我想把这种新出现的言语领域命名为"外来语"。

外来语的印记已经无处不在,特别是在那些话语中。即使那些话语在标准或规范的英语、法语、西班牙语的殖民语域或帝国语域中传播,但它们承载的记忆却无法完全容纳进这些语域虚幻统一的历史中。这些外来语的记忆给他们带来了噪声和历史力量,成为一种根本性的干扰。比如,我们可以思考,仅在以英语写作的领域,印度文化和神话中的无数个数据碎片就渗透在萨尔曼·拉什迪(Salman Rushdie)、维克拉姆·塞斯（Vikram Seth）、阿兰达蒂·罗伊（Arundhati Roy）和安妮塔·德赛（Anita Desai）等人的作品中，在奈保尔（V. S. Naipaul）、阿米塔夫·高希（Amitav Ghosh）、裘帕·拉希里（Jhumpa Lahiri）、基兰·德赛（Kiran Desai）、石黑一雄（Kazuo Ishiguro）、牙买加·琴凯德（Jamaica Kincaid）、毛翔青（Timothy Mo）、李昌来（Chang-rae Lee）、扎迪·史密斯（Zadie Smith）、库切（J. M. Coetzee）、迈克尔·翁达杰（Michael Ondaatje）、哈金（Ha Jin）、欧大旭（Tash Aw）及其同代人的写作中，也存在着（以名字、习语、表情、性格和态度的形式）对其他语言方案的大量参照。这些来自不同种族和文化血统的作家，常常把读者引入人类所遭遇的彻底的异域维度，把他们掌握的英语转变为不和谐的、令人眩晕的话语档案。无论他们的血统如何，他们是否在英国、美国、加拿大、澳大利亚、非洲、加勒比地区、南亚、东亚或其他地方作为真正的英语母语者长大，不再是重点。重要的是，这些作家释放的语言多元性才是集体重构被称为后殖民的大众经验的确定线索，就像本雅明眼中照相机释放的光学无意识，或福柯所谓的事物的无意识那样。

在后殖民言说中，剥夺是打开未知之门的钥匙。在那些门的后面，有着大量奇妙的外来语**陈述**的发现物。

三

翻译者，背叛者；翻译者，哀悼者
（或梦想跨文化对等）

  （一个）成体系的碎片化过程……可以……在原住民世界规训式的切割中看到，比如，博物馆里面的骨头、干尸和颅骨，私人收藏家的艺术品，语言学的语言，人类学家的"风俗"，心理学家的信念和行为。要发现这一碎片化过程是如何发生的，一个人只需要站在一座博物馆、一间图书馆或一间书店里，问一问原住民被定位在何处即可。碎片化不是一个很多人宣称的后现代主义现象。对原住民而言，碎片化是帝国主义的后果。

  ——琳达·图希薇·史密斯（Linda Tuhiwai Smith）：《帝国主义、历史、书写与理论》（"Imperialism, History, Writing, and Theory"）

从 1900 年开始，非西方事物整体上被划分进了原始主义艺术或人种志标本的类别。

——詹姆斯·克利福德（James Clifford）:《文化的困境》(*The Predicament of Culture*)

处置不合时宜的本土残留物

在 20 世纪早期中国文学许多难忘的场景中，有一个特别的场景在我的头脑中始终萦绕不去，随着时间的流逝，该场景在我心中的共鸣似乎从未减退。它正好是一个哀悼的场景，这会是巧合吗？

在巴金的经典著作《家》(1931) 中，大家长高老爷刚刚去世，[1] 高家按照古老的哀悼仪式，举行了一场复杂的葬礼，一群参加哀悼的女眷出现在灵堂，每当来客对逝者致哀，她们就集体地表演一场合乎哀悼习俗的哭号。在一部篇幅较长的长篇小说中，这样的叙事细节看上去无足轻重，[2] 但令人瞩目的是叙事者观察并描写该场面的方式：

> 只苦了灵帏里的女眷：因为客来得多，她们哭的次数也跟着加多了。这时候哭已经成了一种艺术，而且还有了应酬客人的功用。譬如她们正在说话或者正在吃东西，外

面吹鼓手一旦吹打起来，她们马上就得放声大哭，自然哭得愈伤心愈好，不过事实上总是叫号的时候多，因为没有眼泪，她们只能够叫号了。她们也曾闹过笑话。譬如把唢呐的声音听错了，把"送客"误当作"客来"，哭了好久才知道冤枉哭了的；或者客已经进来了还不知道，灵帏里寂然无声，后来受了礼生的暗示才突然爆发出哭声来的。[3]

在这部小说首次发表后的几十年里，这部基于自传性素材的家族传奇被视为中国向现代艰难转型的寓言（高家几代人之间充满了通俗剧式的紧张和冲突），这段在情感基调上具有嘲弄意味的哀悼场面描写，往轻了说，至少是令人印象深刻的。在情节层面，这个事件表达了对一个正在逝去的旧时代的诸多渴望：顽固的大家长左右着整个家族，其中最年轻的成员的人生选择也在其掌控之中，随着敬爱的大家长死去，也许此刻可以希冀一个不一样的未来。在充满特权的、半封建的过去（旧中国），紧密结合在一起的族群陷入了困境，逐渐转向可以被视为一种受到启蒙的集体生活方式。这种生活方式可能无法立即获得，但至少构成了对未来几十年的想象，这事实上是巴金整部小说的叙事动作。以此方式，离家出走（无论是意识形态上还是身体上）的姿态在高老爷的两个孙子，即觉民和觉慧，那里得到了典型的表现，进而把叙事导向一个充满意义的结局。事后来看，我们可以说，巴金的小说情节作为一种政治愿景是有效的。在小说写作的年代，它潜在地表达了现代化及其进步的合理性（或必然的幻灭），小说的这个潜在空间正是其政治愿景所在。

对哭号的女眷们的细节描写，和对其他家庭仪式与迷信行为的刻画一样，都与小说的理想主义情节推动相悖，相当于一种充满异国情调的人种志发现。因此，本土风俗得到关注的，不是它们在传统脉络中承载的意义，而是一种错位的效果——以全新的（即异邦的）双眼观看的一场荒诞剧。正如本章开始时引用的琳达·图希薇·史密斯那段话所显示的，本土文化以碎片化或切割成残留物的形式被傲慢地、人类学式地凝视，这是过去几百年里后欧洲（post-European）帝国主义知识生产体系的典型特征。尽管（也许是因为）这个仪式化的哀悼场景深深嵌入了中国文化史，但它仍然被有意识地刻画为一场闹剧。叙事者没有直接描述哀悼行为的追怀逝者的想象性功能，而是对哀悼行为重新进行严厉的审视，视其为一套可笑的集体流程。哀悼行为不仅显得虚伪、敷衍（叙事者告诉我们，这里没有眼泪，女眷们经常错过或误判客人们到来和离去的信号），而且暗示了一种文化已经陷入了前现代的家族野蛮行径中。出现在巴金叙述中的那个衰落的社会运转形式保持不变，它被一些哭号的女眷潦草地执行着。正如我以前在分析这部小说时所指出的，在巴金的文本中，他敏锐地感受到了久已存在的文化形式所具有的日益增长的空虚性质。这与新的价值生产的投注是同步进行的。这种投注在叙述学和心理学的内化模式（与外在的公开的表演仪式相对）下，找到了一种更加可取的抵抗和改革的手段。[4] 鉴于这种价值生产类型，女眷们表演性的哀号给人一种尴尬的印象，因为它看上去是不合时宜的。当妇女依照传统和习俗哀悼逝者时，从叙述者的现代化视角来看，传统和习俗已经蜕变为纯粹的噪声。

不可避免的背叛

与经典小说——比如夏洛蒂·勃朗特（Charlotte Brontë）的《简·爱》（Jane Eyre）——所提供的耳熟能详的范式不同，后殖民的他异性（alterity）被人格化为阁楼上的疯女人。换句话说，后殖民他异性通常被设定为一种监禁状态，同时也是一种禁止进入象征着英帝国权力的大庄园府邸的状态。[5] 与这种文化间的区隔不同，《家》展示的是同一种文化内部的区隔。作为高家最具反叛意识的人物的替身，巴金以第三人称叙事的声音把哀悼的女眷戏剧化为荒谬的视听奇观，这种叙述也沦为一种隐含的自反性的动作。在这种自反性表现中，可以说是自我文化而不是一种遥远的、不为人知的他者文化（比如《简·爱》里的情况），成为被鄙视和疏离的事物。正是自我文化在此呈现出了疯女人的那种幽灵般的他者性。伴随着陌生化的现代主

三　翻译者，背叛者；翻译者，哀悼者（或梦想跨文化对等） | 087

义美学（把自我文化呈现为非人的和同类相食的极端情形），这类文化自反性是全球现代化进程早期阶段的症候。20世纪早期的中国小说中，有着大量社会边缘的人物形象，用今天的批评术语来说就是"庶民"（subalterns）。仅他们就提供了诸多全球化进程的虚构见证。比如，我们可以想一想鲁迅笔下那些忧心忡忡的受过教育的叙事者所描述的底层仆人或乡民形象，郁达夫小说中那些滞留海外或陌生中国城镇的卑贱男学生，萧红写作中那些贫病交加、意乱情迷的妇女，还有茅盾、老舍、丁玲、沈从文、许地山和柔石等作家作品中的农民、手工劳动者、妓女、用人、奶妈、拾荒者以及其他目不识丁的逢迎者等，这里提及的仅仅是很少一部分。就那些对文学及其历史有所了解的人而言，这类被侮辱的和被损害的群体形象一点也不新鲜。然而，一个很少有人考虑的问题就是，借助压抑的故事（或被压抑的人物），对本土传统划时代的自反性展示也可以视为一种翻译行为。

在这个问题上引入翻译的同时，我需要立即补充说明的是，我并不打算严格依循那种对译者的常规解释，即把一种语言的意义带入另一种语言的专业字词工作者。[6] 相反，我将在近似的意义探讨翻译和译者——以詹姆斯·克利福德所谓的"人种志权威的普遍后殖民危机"[7] 为条件，嵌入完全不同的文化读写体系的**价值仲裁者**观念。（所以，我的探讨本身就是更为传统的意义上的翻译，即词语在语言之内或语际之间的转换。[8]）

正如克利福德所写的那样，虽然以前西方的霸权话语极其强烈地感受到了人种志权威的后殖民危机，"但这场危机带来的问题具有全球性意义。谁有权为某个群体的身份或本真性代言？什么是一种文化的根本性要素与边界？……什么样的发展、丧失和革新叙事能够对当前本土抗争运动的范围进行说明？"还有，"人们如何借助、凌驾以及无视他者来进行自我解释？什么样的动态本土和世界历史条件，在决定着这些解释的过程？"[9]那么，在近似性上而不是技术层面的精确性上使用**翻译**和**译者**的术语，其好处就显而易见了。我们不妨把这种近似性与（本书前一章论及的）福柯的"陈述"概念并置，这样就可以围绕着翻译去思考作为口音、语气、质地、习惯和历史的言语中那些难以辨认以及常常属于无意识的因素，除此之外，还可以把言语中那些偏颇的记忆、被频繁强调的错误，以及最重要的，那些仍未言说且无法言说的因素包括进来，所有这些言语的因素都承担着最基本的意义的交换，但是，它们倾向于抵制处理翻译问题时的那种更为实证主义甚或学究气的方式。（正如我们所了解到的，词源学、字典、词汇集、百科全书、档案、数据库等等，此类学术工具总是必要的，但从来都无法包打天下。）

除此之外，译者的近似性观念易于且适宜凸显跨文化动力学中的许多重要问题。第一，**叙事者**这一术语主要关注讲故事的行为，而**译者**这一术语则强调的是讲故事即一种交流形式，[10]在特定的情境中，交流可能以具体的形式把一种语言（或读写系统）转换成另一种。比如，在巴金小说的案例中，我们可以看到，哀悼的场景事实上含蓄地表现为一个交流的动作，哀悼被展示为一种不再说得通、不再具有流通价值的语言或读写系统。交流的中介，即让这种语言或读写系统功能失调或不合时宜的力量，正是某一个特定的译者。在巴金小说的例子中，译者作为一种叙事意识，不仅宣告了哀悼场景是有问题的，而且，在此过程中，译者把哀悼场景转化为另一种符码、语言和读写系统，同时将之贬低为愚蠢、伪善和虚假的行为，使原初的场景**重新清晰可辨**。另一种符码为评估这一哀悼场景提供了术语，尽管颇为含蓄，但反过来就不是这样。

　　第二，鉴于东西方文化关系，我们倾向于强调西方术语被翻译到非西方语言中的事实，结果，为了适应西方术语（比如，英国、法国、德国的术语被翻译成中文、日文、韩文等），非西方语言必须对这些术语进行修饰和改造。巴金笔下的哀悼场景强调了一个**反向的翻译**效果。也就是说，在 1930 年代，中文毫无疑问还不是一种属于大都会的或全球性的语言／读写系统，那么，在中文被呈现为现代化的（叙述观念的）语言／读写系统的情况下，中文在被翻译时产生了反向效果。在语言／读写系统的现代化立场上，此时的中文显然不需要依据其他语言／读写系统对自身加以修饰或改造。与之相对的反而是另一种语言／读写系统在这时被重新编码为一种低级的符号，被宣称为一种漫画般的夸张描述。

第三，这种反向的翻译说明了一个极其重要但没有得到强调的事实，即在（被翻译的）原初语言/读写系统与目标语言/读写系统之间存在**时间上持续的不平等**。在传统的翻译实践中，因为首先存在的原初语言通常被给予一种优先性，成为随之而来的翻译所尽力遵循的尺度。在巴金的叙述中，正是翻译行为，**使原初语言处于次等位置，显得不够充分而且低级**。这种翻译行为承担着一种现代化的意图和向前看的叙述观念，仪式化哀悼的场景只有在作为一种向后退的标识时，才是清晰可辨或易于理解的。哀悼仪式并没有（像起源通常倾向于）被赋予首要地位、优先性和体面感。这种在时间上拥有古老地位的仪式，被（重新）定性为倒退，即一种羞耻的根源。

翻译过程中，文化不平等成为交流的首要问题，翻译行为颠覆了时间规范授予原初语言和目标语言的价值，因此，译者帮助明确了固着在后殖民跨文化遭遇中的不平等问题。尽管存在着克利福德所谓的"人种志权威的危机"，但**某些**语言/读写系统在跨文化遭遇中即使没被完全废除，也常常会被掳夺合法性。而（那些常常被帝国主义者和资本家的胜利所胁迫的）他者作为一般的等价物得到认可（它们的确是作为元语言或元符号系统而存在着），就可以用它们去评估那些被认为是弱势的或不那么成功的语言。与此同时，那些强势的或更成功的语言不过是在维护自身的合法性。

用这些术语来理解翻译行为，译者预示了后殖民情境中本

三　翻译者，背叛者；翻译者，哀悼者（或梦想跨文化对等）　｜　091

土知识分子面临的尴尬处境。正如习语所说的"翻译者即背叛者（tradutore, traditore）"，他们既是文化的调解者，同时也是一个背叛者，对其本土文化而言尤其如此。也就是说，如果后殖民知识分子（包括母语者、本土作者、思想家、受教育的人、专业人士等，以便我们沿着前面几章的内容继续探讨）的能动性被定义为跨越不同语言／读写系统的能力，那么这种能动性就把知识分子放置在文化翻译者／仲裁者的位置上。文化翻译者／仲裁者的任务不在于忠实于起源（即被殖民的本土文化），而是一种明确的背叛——对起源的否认和拦截（就像那些在时空上显得不协调的事物）如今被认为是本土文化持存的必要条件。经由这种形式的翻译，正如我们在巴金小说中所看到的，甚至本土文化中哀悼逝者的方式都变得可疑，而且必须重新得到审视。

　　在方式上，背叛与翻译的解构研究可谓同频共振。在后殖民跨文化翻译过程中，背叛看上去已经是一个不可避免的事实。理论家们，如雅克·德里达和保罗·德·曼（Paul de Man），在符号学及哲学方面有一个著名的观点——语言从来都无法与自身完全一致，而总是一个失败品（也就是说，未能抵达其预期的目标）。[11] 但背叛作为跨文化翻译中的事实，主要原因还不在这里，而是在于不同语言在世界上所拥有的地位从根本上就不平等，比如他加禄语（Tagalog）与西班牙语、斯瓦希里语（Swahili）与英语或切罗基语（Cherokee）与法语等之间的情况。在后一种情形中，背叛与其说体现了语言的本质（即语言与自身不一致），不如说是对某些语言/读写系统的禁令，其流通尚未受到帝国主义者或资本家的成功所驱动。刘禾（Lydia H. Liu）曾简明扼要地指出："在思考历史语言之间的可译性时，人们只能考虑真实的权力关系。一种语言要与另一种语言达成一定程度的可通约性，就必须做出牺牲，而牺牲的程度和量级则是由现实权力关系决定的。"[12]

一种"走向本土"的方式：忧郁转向

巴金文本的一个更加引人好奇的方面是，叙事意识所进行的翻译本身就相当于一种哀悼。女眷们哀号的噪声已经成为过时的人种志残留，小说叙事意识与此不同，其哀悼属于一类先进的政治思想，这在五四时期的中国知识分子中尤其盛行，这种思想源自废除、摒弃一切传统事物的强烈愿望。直到今天，这种实现现代化以赶上西方的积极冲动依然是世界上多数贫弱群体的道德理想。[13]同时，作为哀悼者的译者对本土文化的极端弃绝是不平等的文化接触中一个不可避免的副产品。但是，我认为，当代话语脉络中，使翻译、背叛以及哀悼之间的关联变得尤其吸引人的，正是忧郁转向这一补充物。

当然，忧郁转向的谱系通常可以追溯到西格蒙德·弗洛伊

三 翻译者，背叛者；翻译者，哀悼者（或梦想跨文化对等） | 093

德。在弗洛伊德1917年的著名论文《哀悼和忧郁》（"Mourning and Melancholia"）[14]中，他使用**忧郁**这一术语来指代一种悲伤的过程，出于某些原因，该过程无法休止。（众所周知，弗洛伊德用"哀悼"来界定忧郁，他认为哀悼是健康而且正常的，因为它可以休止。）弗洛伊德把这种没完没了的病态情感归因于忧郁主体与已经失去或死去的被爱客体之间在本质上没有完结的关系，以致这种客体丧失所带来的具体伤痛，如今与一种完整的情感情结掺杂在一起，这种情结包含了尚未处理的负面情感，如怨恨和内疚等。然而，因为爱人不在身边，这些负面情感最终只能向内投射，并指向自我，以致悲伤的主体在无法控制的自责、自我贬低和厌世中，形成经典的忧郁症状。

在《性别麻烦》（*Gender Trouble*）[15]中，美国犹太裔女性主义哲学家朱迪斯·巴特勒（Judith Butler）把弗洛伊德关于忧郁的观点重构为思考性别身份型构的新方法，对被假定为规范的异性恋提供了开创性的建议。巴特勒认为，异性恋本身就是强制的社会牺牲的结果，或者说是有同性爱能力的同性恋者或双性恋者屈从的结果。根据巴特勒的观点，我们的性别身份是忧郁的，特别是在我们是或者相信我们是异性恋的时候，因为只有通过压抑或放弃我们原初的同性恋或双性恋倾向，我们方可抵达一个为社会所接受的身份。然而，与弗洛伊德的忧郁一样，我们永远都被丧失及其指涉的矛盾心理所纠缠。

巴特勒对性别忧郁化的提议尤其可行。和巴金小说的叙事者不同，巴特勒允许对某个文化现象进行一种充满同情心的回望，该文化现象对那种傲慢的评判性凝视而言，可能是怪异且无法容忍的。（因其属于心理层面）丧失状态显得模糊而且无法确认，巴特勒和她之前的弗洛伊德一样，用一个绝对的起源来取代丧失，并瞄准围绕丧失形成的一种（无法纾解的）心理缺陷，使忧郁在理论上比直接的哀悼更具有吸引力。因此，她的理论工作为其他丧失的客体（重新）进入后殖民、后现代文化场景，以及（重新）宣示其认知合法性的份额，铺平了道路。比如，郑安玲（Anne Anlin Cheng）就沿着巴特勒的方向，把弗洛伊德式的谱系导向了种族问题。她认为，美国的种族身份模式在根本上也是忧郁的。[16] 郑安玲指出，通过运作主流（作为理想标准的白人）和边缘（由非白人他者构成的群体）的观念，种族化进程生产出了无尽的"迷失的"或不可同化的种族他者，尽管这些他者的存在仍然持续扰乱并动摇着美国的民族性。和巴特勒分析异性恋一样，郑安玲认为，规范的、具有特权的美国白人身份是压抑种族异质性的忧郁产物，尽管对异质性的压抑在国家历史和记忆中一直处于秘密状态。郑安玲写道："虽然所有国家都拥有其压抑的历史和创伤性暴力，但美国人的忧郁特别严重，因为建立在自由与解放（freedom and liberty）理想基础上的美国，对这种自由与解放的背叛被反复掩盖。"[17] 在《种族的忧郁》（The Melancholy of Race）一书的不同章节，郑安玲分析了非裔和亚裔美国作家的文学、文化文本，深度探

三　翻译者，背叛者；翻译者，哀悼者（或梦想跨文化对等）　｜　095

讨了这一令人忧心的种族化国家主体之构成经过的表现、派生和残留。郑安玲的同时代人，比如伍德尧（David L. Eng）、兰加娜·可汗纳（Ranjana Khanna），在阅读美国史和欧美史的创伤时有着相同的修正冲动。[18]

　　这些评论家的工作都令人钦佩，就其本身而言，值得进行深入的讨论。从本文的写作目的来说，我还需要指出，忧郁转向的启发性也许不在于无休止的伤痛情感本身，而在于其承载的巨大的生成性潜力。根据当前对文化翻译的讨论，忧郁转向标志着智识能量关系的灵活性，这种联结把特定的起源性条件（比如语言、读写系统、性征、种族或文化）和对起源性条件无可挽回的丧失（比如妥协、伤害、阻断、失能或窃取）的悲叹整合在一起。这种双重修辞运动既拥抱起源性又关注丧失感，是本质化的同时又是解构性的，因而带来了充分的批评效力。紧接着，批评领域追随忧郁转向的方式通常是以已消失的起源的名义寻求道德正义：虽然不可能克服主流文化对我们的阻碍，起源的合法性根基可能已经永远遭到破坏，但这种对正义的寻求，意味着我们至少还可以忧郁。[19]

　　事实上，如果我们把当代理论（广义上的推论工作或抽象思考）当作一种翻译来思考，那么那些采纳忧郁转向的理论工作者所处的位置再次可堪比作翻译者的位置。巴金的叙述者以无意义的噪声形式，贬低性地翻译原初的本土文化。与此不同的是，那些构建忧郁转向的理论工作者，却意在消除这种居高临下的跨文化翻译生成的解构效果。如果说巴金的叙述积极地想摆脱基于本土性（已经成为粗劣和落后的同义词）的家族哀悼仪式，那么那些采纳忧郁转向的理论工作者所做的翻译，则是在一个迟来的但常常是疗愈性的**走向本土**的尝试中得以构建。他们意在恢复这类（卑下的或不道德的）本土经验，使之得到充分的关注和合法性。（按理说，这样的行动以完全等同于用追忆往昔的方式，使这些经验回归到其恰当的丧葬仪式中去，就像安提戈涅［Antigone］坚持体面地埋葬其战死的亲人。）用时间术语来说，这种修复性的翻译尝试为当下的慢动作回放（slow-motion rewindings）铺就了道路。就好像一个录制好的视频所揭示的那样，影像中的场景可能之前就已经在那里了。起源性的双性恋者或同性恋者被迫遵循异性恋的规则；被殖民文化中的成员被要求认同殖民者的语言和文化；从属族裔群体中的成员为了存活不得不同化、吸收美国主流的支配性的价值观。上述这些起源性的案例所展示的丧失是无可挽回的，但今天的理论工作为之提供了一个第二层级的（second-order）估量。更重要的是，今天的理论工作使一种忧郁行动的时空成为可能。根据弗洛伊德，忧郁是一种无休止的悲伤过程的症候，它本身就是自我与已然失去的被爱客体之间未完成的关系的产物。背叛固着在现代化文化翻译之中，因为它使本土的起源看上去没有价值，作为一种补偿，忧郁转向给翻译者带来了新的任务。翻译者最终成为不合时宜的本土残留物的代理人，不再是一个背叛者，而是现在作为一个忠实的忧郁者再次现身。

忧郁转向的另一面常常是恢复语言、读写系统和文化的多元性，忧郁转向愈挫愈勇地吁求本土文化从今往后应活在多样性中。悲恸与积极的文化政治之间的深刻关联，在英国社会学家保罗·吉尔罗伊（Paul Gilroy）的《帝国之后：忧郁或欢乐文化？》(*After Empire: Melancholia or Convivial Culture?*)[20]一书中得到了富于洞察力的论述。比如，在语言和文化学习中，以及在比较文学和文化研究中，一个满腔热情的激进人士经常对语言和/或文化多元主义，以及"走向本土"的优点和好处发出倡导。在目前这个节点上，这种制度化的情感经常与忧郁转向如影随形，其原因不正是二者之间原本就存在着密切关联吗？[21] 正如哈里·哈鲁图尼恩所建议的，拥抱并评估文化他者性的倾向，是冷战结束以来主流的包容性身份政治的必要组成部分，在当代欧美知识生产中，它已经取代了旧的区域研究范式。哈鲁图尼恩写道，在新范式中，"（与本土经验的权威性和对语言的精通相联系的）本土合作者的模糊身影，此刻正一览无余地展示在中心舞台上"。[22]

不用说，我在这里要表达的观点不是去否认我们了解更多语言并学习不同文化的重要性，而是要强调并考察某些被提及的认知类同性的可能影响。借用酒井直树在论述翻译与主体性时使用的术语**共构**（cofigure），我们可以认为，对语言和文化的多元主义呼吁现象，与当代理论中同样被普遍采纳的忧郁转向是共构的。[23] 那么，我们究竟要走向何处？也就是说，如果追寻语言本土主义和文化多元主义的一方面是在追寻忧郁，另一方面却被证明这些追寻者不过是与新自由主义道德经济关系密切的合伙人，在这场协作性音乐表演中，这场合奏演出的每一个方面都为另一方面提供了伴奏，如此一来，这个合伙人把跨文化翻译的难题、时间上的不平等和全球不均衡的后殖民遗产留在何处？语言本土主义和文化多元主义真正能够解决这些不平等和不均衡吗？

跨文化对等的挑战

法国理论家保罗·利科在后期作品中同样援引弗洛伊德关于哀悼与忧郁的文章，来探讨翻译工作。大多数理论工作者坚定地把忧郁转向当作矫正和修复文化的方法，但利科和他们不同，他论证了哀悼的必要性。利科写道，那些需要哀悼的（也即被放弃的）是完美的翻译目标。用利科的话来说，就是"哀悼工作……适用于声明放弃**完美翻译**的理想"。利科建议用"**语言的好客**"观念取代**完美翻译**，鉴于对等性而非彻底的统一性是翻译的基础："一项好的翻译只能够以假定的对等性作为目标，对等性不是建立在清晰可见的意义**统一性**之上。对等性与同一性格格不入。对等性只能去寻求、产出和假定。"[24] 正如理查德·卡尼（Richard Kearney）评论的那样：

> 事实上，利科走得如此之远，以至于他建议未来欧洲乃至世界政治的道德观应该建立在不同民族的记忆和叙述相互交流的基础上，因为只有当我们把自己的创伤翻译进陌生人的语境，再把陌生人的创伤翻译进我们自己的语境，疗愈和和解才能发生。
>
> 当利科把翻译的伦理描述为一种跨语际的好客时，他最终的意图才得以表明。世界由不同的人、文化和语言构成。人性以多元的模式而存在。这意味着，如果考察翻译的阐释模式，普遍性的任何合法形式都必须找到其对等的多元性。普遍与多元之间的创造性张力确保了翻译的任务没有终结，它是一项不知疲倦的记忆与哀悼、挪用与滥用、拿起又放手、表达自我与拥抱他者的工作。[25]

利科完全意识到任何翻译行为中都存在困难，这包括不可译的内容带来的困难。尽管如此，他还是倡导语言的对等，也即可比性或可通约性，以此作为重新思考翻译道德观的可行路径。[26] 我想补充的是，对等观念能够引起共鸣的肯定不是某个预先存在或已经在场的事物，而是某种有待创造的东西。根据利科的论述，"对等的本质是由翻译**生产**出来的，而不是通过对等**预设**出来的"。[27] 无论是在严格意义上的语言传播层面，还是跨文化交易层面，利科的建议都意味着对等性更准确地来说是一种挑战，一种需奋力获得之物，而不是某种已牢牢掌握的东西。由此来看，对等性让我们想起人类学家约翰内斯·费边（Johannes Fabian）著名的"同时代性"（coevalness）概念，重要的是，共享的时间"不是给定的，而是必须去实现的（而且可以被拒绝）"，[28] 也不是基于所有文化被假定的同时代性，而是建立在不断更新且持续构建这种同时代性工程的基础上。和同时代性一样，这个例子中的对等性不仅仅是一个时空共存的断言，而是一种视野，它将一直留在其运作过程中，引出跨文化交流的原则以及构成跨文化交易基础的互惠，哪怕在可预料的定期间隔中遭遇了阻挠和破坏。

行文至此，我希望读者能够明白，我在强调跨文化对等作为一种挑战时，并不是在简单地建议以搜集的方式去额外地获得和占有（其他语言、文化）："让我们学习更多的他者文化的语言和知识——越多越好！"

尽管钦努阿·阿切贝批评约瑟夫·康拉德（Joseph Conrad）在《黑暗的心》（*The Heart of Darkness*）中呈现的非洲，我还是想建议，那些看上去很不同的文化之间的对等性和同时代性应该成为我们寻找和探索的一种潜在力量，也就是说，**不必在意涉及多少种语言，即使只有一种语言得到使用**。阿切贝通过诊断康拉德进入黑人性（blackness）的文体风格，引介出对等性和同时代性的问题：

当一个作家假装记录场景、事故及其影响时，他事实上在借助充满感染力的词汇和其他具有欺骗性的形式，对其读者实施着催眠行为，这不仅是一种巧妙的文体风格，而且利害攸关……康拉德很好地选择了他的表现对象，这确保他不会与其读者的内心偏好相冲突，或者需要与读者的抗拒心理形成竞争态势。他令人宽慰地选择了神话提供者的角色。[29]

根据我们的讨论，这个"神话提供者的角色"也是一种跨文化翻译者的角色。正如阿切贝所言，这个角色为非洲人和欧洲人之间、刚果河和泰晤士河之间的"共同祖先和血亲关系的潜在暗示"感到忧心忡忡。[30]

事实上，康拉德著名的写作风格作为种族歧视的症候，使许多读者在阅读其叙述语言时毫不意外地感到不适。阿切贝强调的是正是跨文化翻译中意味深长的价值判断，以及对等性、可比性和可通约性问题。阿切贝写道，在做出这些价值判断的过程中，这种自由主义尤其"触及了历史上英国（在康拉德时代）的，甚至欧洲和美国的最好的心灵"，"**几乎总是成功规避白人和黑人之间最根本的平等问题**"。[31]这种平等表明了互动的合伙人是同时代人，然而，跨文化翻译所能够尝试着阐明的正是这一点，即使它必然会认识到，文化边界和彼此的不相容不可否认地存在着。[32]

阿切贝对康拉德的尖锐批评在另一个层面对于思考跨文化翻译仍然具有重要意义。和许多讨论翻译的人不同，阿切贝对意义从一种语言传递到另一种语言（偏重翻译的技术性）并不怎么感兴趣。他的关注点落在重新评估文化的编码问题上，这是由书写行为悄然引发的，甚至一位作家在使用一种单一的语言时也是如此。根据阿切贝的解释，跨文化翻译中充斥着重新评估文化所带来的影响，因此，只有在一种单一的语言（或语言行为）之内，并且这种语言表面上能够轻而易举地在不同语言之间转换，跨文化翻译才是可能的。在这个意义上，我们甚至可以说，正是在康拉德把"非洲"与"英国"用一种语言（英语）并置时，一种特定的文化区隔和等级模式才成为最容易被觉察的东西。对阿切贝而言，康拉德的做法是一种种族编码。这和巴金处理哀号的女眷时的做法也很像。一种看似单语的演绎与翻译（rendering and translation），在字里行间承担着现代化的伦理的迫切性，在比较中生成的亲西方变体（但不再受两种语言的技术性细节反复交换的干扰），凸显了跨文化和跨语言翻译中最重要的问题。正如雅克·德里达曾经论证的那样，"我们只说一种语言"和"我们从来不只说一种语言"这组双重假定中包含的悖论，正是"所谓的翻译的规则"。[33]

1992年，备受赞誉的作家德里克·沃尔科特（Derek Walcott）被授予诺贝尔文学奖，他以自己言说、支持的群体的名义做了一场感人的演讲，其主题与他支持的群体有关。旅行者们通常把安的列斯群岛视为沃尔科特的故乡,他在充满同情地提及这个地方时,强硬地对这类专门导向忧郁的跨文化翻译提出批评。沃尔科特认为,这种忧郁的跨文化翻译最终导致了对文化对等性和可通约性的拒绝(因为,按照忧郁的时间逻辑,从前被殖民的人们的每一种努力,都必将被贬低为二流或三流的模仿,说得好听点的也无非是一种迟来的模仿)。参照上文的探讨,沃尔科特犀利的评论显得特别敏锐。

这些旅行者带着他们感染来的莫名的不适,他们的乏味甚至使美丽的风景转化为忧郁和自我鄙视……

连格雷厄姆·格林(Graham Greene)这样令人耳目一新的作家也不例外,加勒比地区被作家们赋予挽歌般的感伤特质和一种持久的哀伤,就像列维-斯特劳斯(Lévi-Strauss)《忧郁的热带》(Tristes Tropiques)一书的名字所传达的那样。加勒比地区的黄昏、雨水、繁茂的植被,以及加勒比地区城市中那种乡巴佬式的渴望,在这里,现代建筑的赤裸裸的复制品使矮小的房屋和街道相形见绌。作家们对这些事物的态度,衍生出了他们**忧郁**的情感。忧郁这种情感是可以理解的,它像日落时分的躁郁、患病椰树的金叶子一样,具有传染性。但是,在这种英国人、法国人或我们的一些流亡作家的哀伤甚至病态的书写方式中,有一些东西是异域的,且在根本上是错误的。它是一种误解，是对光亮以及光亮所照到的群体的误解。

　　这些作家描述了我们未竟的城市化野心，即他们未能实现的、说教的结论，但是，加勒比地区的城市恰恰可能终结在它对自己的规模感到满意之时，正如加勒比地区的文化不是正在发展，而是已经形成。加勒比地区的大小不是由旅行者或流亡者，而是由其全体市民和建筑度量出来的。你被告知你还不算一座城市或一种文化时，就需要这种回答。我不是你的城市或你的文化。然后，《忧郁的热带》这样的作品可能会变少。[34]

四
以食运思，反写中心：梁秉钧和马国明的后殖民写作

> 消耗是弱者巧妙利用强者的方式……它给日常实践提供了一个政治维度。
> ——米歇尔·德·塞托（Michel de Certeau）：《日常生活实践》（*The Practice of Everyday Life*）

> 在一个把自我作为中心的文化内写作是一回事，在离心的边界上写作又是另外一回事。
> ——卡洛斯·富恩特斯（Carlos Fuentes）：《中心与离心书写》（"Central and Eccentric Writing"）

一个作家的官方身份属于欧洲殖民者的二等公民，甚至在殖民者已经离开之后，其本地语言还不能被认为完全属于这个作家本人，其原因在于血缘（或政治）上的祖国的主导性在场。

在这种情形下，这个作家该如何用本地语言写作？在香港的语境中，德里达的单语他者性（otherness）观念与一系列问题都有深刻的共振效应。这些问题看似与经典的后殖民研究的普遍重点相去甚远，但与德里达提出的议题密切相关。在这些议题当中，书写与声音之间的不平等、现代城市景观中可见物与不可见物之间的等级，都可以在梁秉钧和马国明的写作中看到。这两位作家都提示着棘手的权力政治的存在，矛盾的是，他们又是另类思考的激发者。在作为主要语言的英文和中文脉络内部进行的持续的少数化实践，依然是一些令人信服的经验，而这些经验来自回归后香港的全球化文化时空。在很大程度上，这两位作者以委婉的方式回答了关于谁、何处、何时、为何、如何以及为谁"成为中国人"的历史性问题。他们不是在祖国与流散群体意义上，而是在持续的后殖民书写场景的意义上回答上述问题的。

言说之外的口语化抒情

在1997年的一次访谈中，著名香港作家梁秉钧（笔名也斯）表达了他对一些非中国诗人的钦佩，他曾经翻译过这些诗人的作品。梁秉钧说："我想我欣赏他们的地方，往往不是一句佳句、一个比喻，而是整体的一种视野、一种态度，如何体现在最日常的观察、最平常的文字之中。**他们的诗作犹如美妙的食物，经过消化而带给我营养**。"[1]

即使是最漫不经心的读者也能够注意到，对食物的深入思考是梁秉钧诗歌写作的典型特质。当然，更为明显的关于烹饪的例子出现在那些明确与食物相关的诗歌中，比如收在诗集《食事地志》中那些有着诱人标题的作品：《除夕盘菜》《苏豪的早餐》《咸虾酱》《菜干汤》等。[2] 梁秉钧的宇宙是由外向和内向的双重之旅构成的，像茶与咖啡这种最普通的食物，经常与诗歌《在峰景酒店》（"At Bela Vista"）的结束行中提及的外来食材并置，比如"巴西的红豆煮肉，莫桑比克的椰汁墨鱼"，接着是"一种从甘蔗调制成的饮品"[3]。若更细致地阅读梁秉钧的其他作品，则可以发现他其实在过去几十年里都在为其多个层面富于想象力的思考，援引各种可以食用的东西，比如蔬菜、水果、肉类、鱼类、软饮、茶、红酒、汤和快餐等。对梁秉钧而言，这种反复转向食物的写作，说明食物是他用于**思考**的东西。但是，确切地说，食物又意味着什么呢？在梁秉钧的写作中，食物，以及言外之意的消费的生物符号学，该如何理解呢？

当然，吃是中国现当代文学与文化中使用最频繁的讽喻。这个写作传统一般被认为始自鲁迅。从20世纪早期开始，中国现代文学对吃的行为保持一种典型的矛盾态度。尽管许多中国人对饕餮有着极大热情，而且为中国的烹饪颇感自豪，但伴随着五四以来对中国文化的激进批判，吃在隐喻层面已经具有恐怖的含义，即停滞的封建文明用封建礼教"吃人"。[4]（正如本书上一章里所探讨的，在小说《家》中，巴金在描写传统哀悼仪式时就准确地表达了这一态度。）另外，因为中国历史悠久，曾存在周期性的饥荒问题。与特定的五四新文化实践不同，在对饥饿、稀缺和难以获得生活必需品的文学描写中，吃在更多时候占据着一个优先的位置，甚至被恋物化（fetishized）了。中国儿童经常被教会背诵的唐诗中，李绅的《悯农》诗"锄禾日当午，汗滴禾下土；谁知盘中餐，粒粒皆辛苦？"就是其中一例。与我们的时代距离更近的是著名作家张爱玲的小说《秧歌》，其中也选择了普遍的食物短缺作为其主题。[5] 这种对食物复杂的集体情感投注和对匮乏的恐惧意味着，食物消费和围绕食物消费的焦虑始终顽强地把控着作家和读者的想象。

这里可以仅以几个例子进行说明。中国当代电影和小说，比如陈凯歌的《黄土地》、苏童的《米》和余华的《活着》，以及像曹冠龙的《阁楼上下》这类回忆录，都介入了对吃或不吃的意义的痴迷中去。[6] 小说（包括电影）集中建构出了一种对待食物的粗犷的大男子主义态度，由此，吞咽被习惯性地描述为一种等同于侵略和征服的行为。从这个角度看，吃就是成功发动一场战争，为了找到似乎不存在的食物，去冒进地攻击，去毫不愧疚地吞食，因为不确定在何时、从何处可以得到下一顿食物。换句话说，吃被认为是暴力的高尚形式，是男人和敌对世界之间的权力斗争。任何能够产出食物的事物，比如"自然"，都是需要通过暴力驯服的：如果你不吃它，它就吃你。

相反，我们从一个与女性相关的视角看，吃经常被处理成家庭的感伤故事（或**被**侵犯的故事）。随意翻阅中国的食谱就可以看到，这一受欢迎的文类的作者和读者更多的是女性而非男性。这说明，这种看似罗列食材的写作其实很容易成为男女分工的主流社会学区分的一部分。烹饪，特别是家庭烹饪，常常由母亲、妻子和女儿来操作，所以在修辞上是围绕健康（常常关乎所食用食物的神秘特质）、经济（在时间与金钱方面）和娱乐（社会化的必要特征），以及对消费者（特别是在大家庭里）年龄和性别差异的考虑等主题来建构的。总之，这说明，一个精明能干的女性在负责照顾家庭时，应该对此类关乎身心安康的事项进行统筹安排和充分考虑。

在华人家庭移居海外后，这种食物消费的女性化依然存在，甚至常常得到了强化。比如，王颖（Wayne Wang）导演的影片《喜福会》（*The Joy Luck Club*，1993，改编自谭恩美［Amy Tan］的同名小说）充分利用了吃和欢宴来传达不同历史时期非主流的华人族裔（即华裔美国人）的创伤与心灵紊乱状态。虽然这个故事本来讲的是四组流散美国的华人家庭的母女，但几乎每一组都围绕着食物展开。食物很快成为一种有关性与族裔危机的密码。这些危机包括女性的贞洁、孝道、婚姻、背叛、自杀、代沟、报复或记忆。

还有许多其他例子可以说明那些与遍布全球的中国当代文化密切相关的食物消费主题。(比如,我们可以思考一下那些卖座的大都市背景的喜剧影片,像李安1994年的《饮食男女》、杜琪峰2001年的《瘦身男女》)虽然这些内容有些离题,但我意在突出梁秉钧(在我看来是)独特的方法。梁秉钧不仅颠覆了认为食物不能成为诗歌素材的傲慢态度,而且他对食物的深入思考最终引出了一个令人耳目一新的问题:特别是在后殖民、后现代的(以及与之相关的)香港言语场景中,吃和消费能够表明什么?

与前两种把食物商品化的主流修辞风格即大男子主义式的暴力和家庭的感伤(见于小说、电影、回忆录和食谱中)相悖,梁秉钧对吃的处理顺序很不一样。这不是说梁秉钧让自己远离商品化,而是说,在他这里,食物总是一个意识到他物的场合,即一种在单一现象中构建起关系和联结的场合。即使在最生动、最具体的对成分、颜色、气息和味道的描写中,梁秉钧所书写的食物也是服务于思想的:食物是一种探索隐秘的维度与可能性的方式,这种维度和可能性隐藏在人与物之间看似普通、平淡的接触中。

作为一名说粤语的诗人,梁秉钧用标准的中文写作,这具有特殊的意义。在香港,几代说粤语者将写作和阅读习惯建立在正式的中文书面语的基础上。这种书面语使用一套与粤语不同的词汇与句法,有许多不同的习语以及日常表达。可以说,那些努力像香港人那样写作的本地人经常发现自己受到"话语口吃(a discursive stuttering)"[7]的影响,这是文化批评家陈冠中的一个富有洞察力的说法。**我们可以说,梁秉钧反复聚焦于嘴巴的某个功能——接近但又不等于发音。**好像是要强调这个事实:他或其他香港市民基于日常生活使用的话语,从来都得不到那些习惯于"标准"中文发音的人的完全认可(除了作为不可理解的口吃或可笑的异类)。通过突出吃(物质输入)的口头性,而不是发声(物质输出)的口头性,舌头成为本地主义而不是官方的母语载体。如果一种语言的官方或标准表达采用了某个特殊的发音形式(这里指的是普通话),人们就会太过于轻易地假定,在语言(这里指的是中文)与不易控制、不断演化且混杂多样的文化身份(在这里,这个事物就是"中国性")之间存在着一种连续性。梁秉钧的诗歌没有去证实这种连续性及其投射在语言、发音和身份之间的联系,而是专门通过食物消费去创造出乎意料的跳跃。他没有在书写与标准化的语音或言说之间生成整齐的对应关系,而是启迪了与外来事物的遭遇。[8]

与此同时,外来事物不一定只有一种异域的性质,它还可以是一个重新发现并凸显自身历史的机遇。比如,《青蚝与文化身份》("Mussels in Brussels")就不仅是一种异国情调的美食享乐,而且是标示历史差异之必然性的手段。与这种差异相反的是普遍主义者站不住脚的主张。在这个情境中，这些主张与一名中国大陆导演的言论相关。我们从轻松愉快的诗行开始：

> 都说青蚝没有身份的问题
> 也许是这样？在布鲁塞尔
> 我们照样吃加拿大的青蚝
> 那位来自大陆的第六代导演老在说
> 艺术是纯粹的，世界性的。

诗歌结束于一种沮丧的口吻，同时就某个棘手的问题亮出清晰的立场：

> 可是宇宙里
> 老是有不同的青蚝哩……
> ……中国的青蚝离了队
> 千里迢迢之外，还是不自觉地流露了
> 浸染它成长的湖泊。青蚝有它的历史
> 并没有纯粹抽象的青蚝。[9]

在异国他乡尝到的熟悉的味道，常常不仅会唤起我们对曾经吃过的食物的记忆，还会让我们意识到我们是谁。当然，这个发现并不是什么非同寻常的事，但真正非同寻常的是，通常被认为是被动的、非生产性的消费行为[10]，充当了生成文化差异的中介。这些文化差异一度被认为已经失传或正在消失。在另一首诗（注意对"言语"和"舌头"的指涉，这说明味道与言语有不可分割的关系）里面，煮熟的茄子的味道在异国他乡的环境中触发了诸多遐思。诗歌同时思考了最密切的亲属关系和陌生人的陪伴：

> 你父母当日不知是什么心情
> 随移徙的人潮远渡了重洋
> 言语里渗入了变种的蔬果
> 舌头逐渐习惯了异国的调味
> 像许多同代人，大家逐渐离开了
>
> 一个中心，失去了原来的形象
> 但偶然我们又从这儿那儿丝丝缕缕的
> 什么里尝到似曾相识的味道
> 好似是煮糊了的皮肉，散开了又
> 凝聚：那么鲜明又消隐了的自己[11]

或者，这类遐思由新邻居尝试做的海南鸡饭所触发，而邻里关系可能需要调节食物和语言的禁忌：

我可有最好的秘方

　　用沸水把鸡浸熟

　　在异乡重造故乡的鲜嫩

　　安慰漂洋过海的父母？

　　我可有最好的秘方

　　调制最美味的酱油和姜茸

　　调节食物和语言里的禁忌

　　适应新的餐桌的规矩？

　　我可有最好的秘方

　　拿鸡汤煮出软硬适中的热饭

　　测试油腻的分寸在异地睦邻

　　黏合一个城市里多元的胃口？[12]

　　味道从字面上由一个本地的口舌触发，在此情境中（因为味蕾不正是一个必不可少的本地信息传递者，一个安装在重要腔体和边界地带的传感器吗？）这类本地主义的确不是多愁善感的。梁秉钧写道，事实上，那些原本与我们的身体如此亲密以至成为我们身上不可切分的部分的东西，似乎也可能变得陌生而可疑，甚至对政治气候的变化困惑不已。在波兰这样的国家，普通人的生活被历史上连续的政治危机撕得粉碎，甚至他曾经非常熟悉的"道地的"食物，其味道也很容易消失殆尽且不易获得：

> 看过了天鹅和巍峨的教堂，发现了
> 广场那儿一所优雅的小馆，有
> 道地的牛杂汤，煎得很香的薯仔饼
> 但下一回就找不到了，在国营酒店
> 堂皇的建筑里，沉沉欲坠的帷幕
> 背后似有幢幢历史的魅影
> 政治的转折会改变汤的味道吗？[13]

食物消费成为一个可以用于思考的事件，也许这种转变方式可以扩展到梁秉钧诗歌中的所有实物（material objects），这些实物经常会传递出惊人的启迪性。鉴于国际公众因对其故乡的不理解而产生的刻板印象，梁秉钧对这些实物不知疲倦的好奇心就尤其值得关注。[14] 通过敏锐的自我反思，梁秉钧在作品中构造了一种另类的进入物质主义者和消费主义者世界的途径，来对抗香港反复遭受的道德指控，即这是一个完全为物质主义和消费主义驱动的地方。[15] 但诗人和其他人一样，必须居住在这个地方。紧扣物质消费的主题，拒绝忽视环境中最微不足道的事物，梁秉钧无意中回归到国际公众嘲弄的凝视之中。他的作品在风格和品质上都别具一格。梁秉钧不是以诱惑、过量、奢侈和浪费的方式——这通常与（香港的）物质主义和消费主义相关，而是教我们一些在简单、朴素和平淡中寻找财富的方法。

梁秉钧长期以来对物的非常规思考，使我们意识到一个事实：香港因1997年的回归，在20世纪的最后十年里吸引了全球媒体的关注；它已经将自身转换成了一个尤其是被西方消费的消费客体，而西方像过去一样，已经准备好同时扮演东方学家、传教士、法官、警察和救世主的角色。在这种情况下，梁秉钧几十年来的写作，可以被视为一种对固着在全球地缘政治叙事和商品交易中有失尊严的**跨文化消费主义**的持续干预。商业活动把从前的英国殖民统治、如今的特别行政区简单地理解为中国失而复得的一部分，或者世界上一个微不足道的地方，这个地方已经被无可挽回地让渡给了资本主义的邪恶之手。可以不夸张地说，香港在英帝国主义和全球经济主义之间，在中国内地的国族主义和西方新自由主义道德说教之间，经常被各种话语所淹没。香港尽管有其特别鲜活的历史，但在世界媒体支配的消化管道中经常消失无痕。[16]在1997年前后，这种习惯性地现场吞食香港的贪婪行为，被添加在新闻业和学院派的投机式写作中。这些作者以哗众取宠的方式，掩饰其对香港自身的文化生产的极度无知和冷漠。当这些文化生产正好以中文的形式呈现时，该情况尤甚。[17]在1990年代后期，香港作为一个消费的客体已成为全球时尚，怀疑和经常性的居高临下构成了这种言说氛围。为抵抗这种氛围，梁秉钧的写作坚定地奏出了不和谐音。

根据梁秉钧诗作中一组组炫目的事物，我们可以明确地勾画出一种特定的消费主义方法轮廓，即消费是一种实践形式。与此同时，这些通常比较隐晦的抒情笔触中，包含着解读它们可能和能够被消费的线索。所以，消费具有临界现象的意义，即阅读可以跨越边界、抵达书写（反之亦然），而这位说粤语的诗人凭着丰富的美学趣味，把这种趣味自身还原为一个他者，一种以口语形式呈现的抒情诗。

正如梁秉钧常常提及的，他对言辞浮夸的英雄传奇和意在树碑立传的历史词汇没有热情，因为这类写作遗漏了他感兴趣的细节和碎片。梁秉钧的写作通常从顺便提及的、日常生活中微不足道的事物开始。这些事物可能是一颗洋葱、一个木瓜、一盆盆栽、一个阴雨天、一条吸引游客的老街、老街上被拆毁又重建的商店或日落时分天空中的一道彩云。在他对感性事物的**专注**（包括视觉、听觉、触觉、嗅觉和味觉）中，我们同时会发现另一种品质，即把诗人的语言中所描述的事物联结起来的**细腻**。这就好像消费行为生成了一种特殊的合作关系，其首要特质是诗人内部意识与外部意识的相互转化。令人感到惊奇的是，这种双向转化并没有导向诗人与物、消费者与消费物之间的融合。相反，诗人一直在接近状态中保持着**趋向于**事物的姿态，而从来不会遮蔽或超越他笔下的事物。这种专注与细腻，共同产生了一种富于弹性的**倾向性**的效果，这是一种亲近他者，但又不会破坏或毁灭他者的运动。

如果说消费是我们与我们环境之间不可避免的关系（我们哪个人不是消费者？[18]），那么，梁秉钧的写作毫无疑问提供了有关如何消费的策略——也可以说是一种伦理。梁秉钧依循的伦理准确地说是一种道德观、一种生存模式，这也是与他者共生的模式。所以，对梁秉钧而言，被消费事物的意义远远不止于"被消费"，比如蔬菜，它也有值得我们去倾听的语言：

> 蔬菜也有政治的。有了人为的"口味"问题，就把绿叶定出身份，也把豆苗和白菜分了阶级。那些扭卷的是高雅，平淡就变成粗鄙了。国粹派一旦有了发言权，就会认为除了根什么部分都该切去，前卫艺术者又或许只看到叶的尖端。好好一株菠菜，不明白人家为什么要把它剖开两半来看。浸淫在一种文化传统里的人，总是指着人家锅里的菜说："这也可以吃吗？这样煮有什么文化？"拉丁美洲国家的食物爱用玉蜀黍造饼把豆煮糊，非洲用花生煮汤，我们日常生活里，青菜豆腐一样有它独有的味道。[19]

因此，写作的意义对某些人来说是神圣不可侵犯的活动，但它也可以通过与一个鸡蛋或一片面包的平凡相遇，在一种极具幽默感的情形中得以理解：

一个鸡蛋或一块面包放在那里，有人伸出手去，碰碰它便缩回来了，或者拿起来，看一眼，说："唔，这是一个鸡蛋，我知道。"但另外有些人，却抚摸它，接触它，感觉它的温暖，抛起又接住，为它画一张脸孔又涂掉，钻一个洞窥望进里面，最后索性敲破它，煎得香香的，把它吃进肚子里；一块面包，一个人可以咬一小口就把它放下，另一个人却可以感觉它的温软和香味，欣赏它，连面包屑都吃得一干二净，还要咂咂嘴，拍拍肚子，称赞它是多么美味。

我欣赏对生命有好胃口的人……他们咀嚼所有感觉，仿佛那是世上的美味。[20]

城市不可见物的制图学

如果说梁秉钧主要把食物消费用作思考事、人和不同社群间关系的路径，那么文化批评家马国明则借由食物和消费提供了另一种令人着迷的方法，揭示了香港的底层生存状况。马国明的文化批评写作具有学院派风格和自传体性质，[21] 与梁秉钧的诗歌一样，其中充满了对食物的美味的指涉，尤其是那些香港多语的日常文化中特有的类别，比如奶茶、柠檬茶、红豆冰、臭豆腐、加甜炼乳的黄油吐司、菠萝包、奶油包以及其他令人愉悦的食物。在马国明的世界里，视觉、嗅觉和饮食记忆被用作必不可少的定向图示。与梁秉钧相似，马国明对运用边缘事物和细节讲述鲜活的经验很有兴趣，而这些经验往往在以政治、经济作为主导的历史创造中被忽视或抹除了。马国明写道，主流历史视野常常是"回忆的敌人"。[22] 比如，在描述香港特区政府近年来发起的保护历史地标的尝试中，马国明提醒我们，官方活动和那种躲避、超越进步主义官僚的努力之间的差异："一道命令就能使旧邮局保留下来，但一代人的童年经历怎样才可以保留下来呢？"[23] 因此，马国明在食物与消费方面的写作风格和梁秉钧不同。他的写作具有一种对抗和紧迫意识，他所关注的与其说是食物与消费的关联和约束性关系，不如说是固着于其中的暴力。确切地说，这种暴力不是身体上的饥饿或对食物的激烈争夺（如上文提及的部分中国内地文学创作所表现的那样）导致的侵略性。相反，这里指的是文化暴力，特别是全球化、资本主义都市文化方面，这与现代理论家沃尔特·本雅明和米歇尔·福柯的作品形成呼应。这类暴力不是物质匮乏，而是富足到冗余的结果。也许可以把这类暴力称为吃得太好了：食物过于丰盛以至吃不完。

不同于倾向道德层面的批评，马国明没有通过修辞去谴责这种消费主义，或提倡以节俭和自制为对策，进而讨论这类暴力，而是运用批判性视野捕获一个个边缘群体，比如小贩、菲佣、乞讨者、流浪汉，以此辩证地描述这种暴力。作为现代化进步叙事中不易把控的附带性事件和一种持续的元评论，边缘群体成为非人的标志。马国明本着本雅明令人难忘的论述精神，预示了当代内地发达城市中背井离乡的民工群体的困境，所以其写作展示了"对文明的记录无一不同时是对野蛮的记录"。[24]（顺便提一句，马国明是第一位用中文撰写本雅明作品导读著作的人[25]）在这一点上，马国明的文集《路边政治经济学》的标题巧妙地唤起了我们的联想。虽然这个标题可能直接意味着"街道的政治经济学"，它同样也可以翻译为"边缘的/不合时宜的政治经济学"或"在街边实践的政治经济学"。尤其是因为"路边社"（字面上理解，就是路边的媒体）作为一种本地的表达方式，在香港长期被用来戏仿Reuters新闻部门的著名中译名"路透社"，"路边政治经济学"的另类含义就可以理解了。鉴于来自路透社的新闻是严肃而可靠的，而来自路边的新闻不过是各种小报上琐碎的流言蜚语，滑稽的暗示就出现了。

在为自己细致入微的唯物主义解读和书写定位时，马国明没有把更绚丽夺目的香港都市现场作为对象，而是选择了湾仔（Wan Chai），这也许不是偶然。在1950和1960年代，湾仔是美国军人（American GIs）为寻求性和酒精刺激，而频频光顾的乌烟瘴气的街区。湾仔的真正名字不为人知，它长期作为东方主义幻想的一部分而存在。其中，远东承载着妓女的诱惑的含义，即一名道德败坏的非白人女性为谋生而出卖自己肉体的刻板印象。苏丝黄（Suzie Wong）的故事就是最著名的例子。《街头掠影》（被收入《路边政治经济学》）这篇长文在有关香港的书写中，终究会被认为是最重要的批判性评论文章。在《街头掠影》中，马国明通过引导读者走过湾仔的一些主要街区，深入解剖贫富阶层之间的不平等。

伫立在交叉地带的简单的街道标识，成为激发思考的历史遗迹。坚尼地道（Kennedy Road）、庄士敦道（Johnston Road）、轩尼诗道（Hennessy Road）、告士打道（Gloucester Road）、谭臣道（Thomson Road）、谢斐道（Jaffe Road）、骆克道（Lockhart Road）……这些用于纪念英国男性管理者的经典街道名称在湾仔以及香港其他地方随处可见，构成了一个半世纪的殖民统治标记的记忆符。但正是这些名称的中文翻译，见证了一种更为复杂的后殖民协商关系和不可通约性。通过粤语发音的方式转译英文而得出的中文名称，在香港与祖国重聚的岁月里，流露出一种新的跨语际不和谐。对不习惯译自英文的香港道路名称的、说普通话的人而言，他们在读和听这些音译时，将会按照其（读写系统中）规范的中文发音重新翻译这些中文字符，这些街道标识可能只留给他们一种令人困惑的，也可能是滑稽的、无意义的印象。即使是对"road"这一词语的翻译选择，也奇怪地与当下的习惯用法不一致。在内地和台湾地区，这个词经常被称作"路"，而在香港，大部分"路"被称为听上去更为古老的"道"。

四 以食运思，反写中心：梁秉钧和马国明的后殖民写作 | 123

对马国明来说，通过湾仔阅读香港，恰似米歇尔·德·塞托说的，像一名盗猎者"在强制的体系中漫游"，在此过程中发明有违本意的意义多重性。[26]在马国明的阅读中，湾仔承载了讽喻的含义，它把香港极端的物质性对立轭在一起。湾仔同时作为物理的空间和记忆的场所，展示了香港的人文贫困，拒绝了香港展示的高科技建筑外观。那些过去物质匮乏的提示物仍存在，与浮华的、超现实的、未来主义的非空间（这一非空间明显剔除了污秽、底层和人文在场的内在标识，且主要属于观光客）展示物并存着。[27]

在湾仔精神分裂式的风景中，出现了小贩这一令人心酸的形象，即沿街叫卖者、卖廉价食物的摊贩和其他小商品供应者。马国明称之为"城市的游牧民族"。不用说，街头小贩不是正史的组成部分，而且在有关香港书写的作者中，鲜有人像马国明那样给予他们细致的关注。同样重要的一点是，马国明没有把其笔下的小人物的美好或良善进行夸大。在马国明的分析中，小贩不只是值得同情的可怜弱者。在残忍的社会等级制度中，小贩显然是不可见的，而在政治进步的人道主义中，小贩只能作为受害者被看见，马国明在二者之间锻造出了第三种视角。马国明的叙述首先展示了小贩作为革新者的机会主义和适应能力，这很大程度上反映了香港压榨、剥削的环境，以及小贩作为底层群体所具备的生存主义式的智谋。马国明写道，小贩已经磨炼出了权宜的谋生手段，他们的生存策略可以是对待自己手推车的工匠般的态度。对他们而言，手推车既是橱窗，也是运输工具。在手推车上储备大量商品，老练地践行极简主义，可以使他们接到通知后逃避警察的追赶。在市场上推销其小商品时的口头技巧也是重要生存策略之一，因为他们必须与那些售卖大品牌商品的店铺进行残酷的竞争。还有一个策略就是选择那些有利润可图的商品，而且，这类小商品永远都有市场，比如"梅菜、咸蛋、粉丝、虾米"。[28]

除了对小贩动态、灵活的谋生手段的细节描写，马国明的叙述力量还体现在他对这些"违法者"和香港法律实施者之间相互牵连的关系的理解上，尽管二者间存在着永久的不平等。马国明对此有着深刻的理解。相关的例子可以在马国明对强加于小贩的自由贸易观念的讽刺性长篇评论中看到：

> 小贩原本是自由市场的化身，在香港这个号称自由市场神圣不可侵犯的地方却对小贩施以种种控制，最终还要完全取缔。如他朝有日，小贩的历史走进香港史的册籍里，功劳只能归于福柯。当局取缔小贩的策略恰好是福柯所分析的微型政治。在一个号称奉行自由市场的社会里，对小贩进行登记和发牌的措施却没有受到舆论的谴责。小贩取得牌照后，不表示从此可"自由买卖"。在小贩认可区外售卖是犯法的，而且当警察仍然执行拘捕小贩的任务时，"拒捕"和"阻差办公"是"阻街"的必然结果。由于绝

大多数的小贩是目不识丁，他/她们对社会的主导意识形态——自由市场——也就耳熟能详。每次警察执行他/她们的神圣任务时，小贩们必定会当众宣示听回来的神圣教条——自由市场。如果能够把小贩们严正的宣示加以记录和整理，香港可以保留地道的自由市场论述。至于警察，既是使用暴力的专利注册者，当然不会轻易被自由市场的论据所打动……最后在捉贼和捉小贩之间，警察们选择了后者。[29]

值得注意的是，马国明的描述没有停留在物化其主要人物的层面，而是把这类看上去是转瞬即逝的群体，融入更大的香港城市文化的社会纹理之中。正如马国明指出的，由于对高效率的追求，无情运作的城市文化在小贩被逐渐淘汰时最为明显。而这时候，小贩的商品在市场上的流通，在某种程度上正在让位于大型的、**稳定的**商家和企业，比如餐馆和超市。

就餐馆而言，它们很快就复制了小贩卖的食物。每当小贩卖的食物受到欢迎，餐馆就会模仿并复制到自己的菜单上。但是，这类剽窃行为不能等同于对被剽窃者的正式认可。相反，这是不对称的经济权力关系的典型模式。

骤眼看来，小贩摊档的食品晋身为大酒楼的点心，似乎代表着小贩行业的特有技艺终于到认同。不过这种认可就只是父权社会里"要仔唔要姆"(译者注:意为"要儿子不要女儿")的行径。小贩的技艺被确认的结果,跟美国中央情报局钻研游击战的结果一样。路边小吃进入酒楼后,小贩的地位不但没有提升,打击小贩的法例反而变得更严厉。[30]

与此同时,超市使人们忘记了在城市的消费主义需求还没有被大规模的产业社团主义体系所规范化和合法化时,曾经有过一种更个人的业务开展方式。小贩文化可以被视为这种更古老的商业模式的残留。马国明(以讲述地方民间故事的方式)提醒我们:人们按自己所需的量,带着自己的家用器皿如茶杯或米斗(可用作一个专门的度量工具)去购买基本的食材,比如盐巴、酱油、蔗糖和玉米粉,这在从前的香港,是完全可以接受的,但在今天已经是不可想象了。那时候,人们进行商品交易还没有使用最低购买量或起步收费的概念,比如,人们可以在饭前或饭后去一个旧式杂货铺,以任何价格购买需要的食材(如一港币的花生油、五十分港币的豆瓣酱等)。[31] 在超市(惠康[Wellcomes]、百佳[Park-n-Shops]及新开的其高档竞争者,比如城市超级[City Super]、奥利华[Oliver's]、三·六十[Three-Sixty]、品味[Taste]等)兴起的时代,不仅这种更随意的交易体系消失了,而且货物本身,以及它们与消费者之间曾经的身体联系,一起经历了一次彻底的革新。马国明写道，这种革新是如此彻底，以致人与物之间的关系事实上成为无菌式的了：

> 在超级市场里，粉丝、虾米、菜干等全都加以包装，不能散卖。静悄悄地，超级市场扮演了秦始皇和拿破仑的角色——改革度、量、衡。当然在可见的将来，超级市场仍会雄霸零售市场，甚至一如秦始皇所愿，千秋万代，永远称皇，永远不会遇上滑铁卢。只是有得亦有失，改革度、量、衡的创举看来是不济的……
>
> ……所有货品都像参加了上流社会的交际活动，衣着固然光鲜，更不时穿着化装舞会适用的奇装异服，即使是菜干、海味等向来不用包装的食品亦加添了密不透风的新装。
>
> ……在超级市场里，嘴巴、耳朵、鼻子都用不着。手摸到的是纸张、塑胶或铁罐，即使眼睛，能够见到的也往往只是货品的说明和影像，而不是货品本身。在超级市场，人们被货品包围着，但人和物品的距离其实变得更远。[32]

马国明对小贩的敏锐分析，不过是他对香港城市地理的政治经济学开阔而详细的论述工作中一个很小的部分。他的写作中还有很多其他令人难以忘记的描述：菲佣在周末把香港的主要金融区中环变成外籍人士共享的游乐场；穷苦的老妪推着大量的纸板沿着湾仔的街道前行；无家可归的人们更喜欢非官方的空间，而不是官方的、政府建的庇护所，等等。[33] 马国明这种富于启发性的叙述只可能源自他对所描述场所的深度熟悉和兴趣。这种熟悉，再度向我们提出了有关食物消费的、物质的、现象学的以及社会政治的价值问题。

在中文里面，说对某物熟悉就意味着非常了解某物，常常用汉字"熟"来表示。与之相关的表达还有熟练、熟识、熟悉、熟习、娴熟等。有趣的是，熟也是一个形容词，意思是"成熟的（例如水果）"或"煮熟的（例如一道大菜）"。在这个例子中，由于中文词汇的灵活性，"熟"可以同时指涉一种主观状态（了解或经历过）和一种客观条件（成熟的自然条件或烹制的文化条件），这表明了认知的概念化和食物消费之间在持续进行着一种隐喻性缠绕。"熟"的意思是**知道**，这个看似抽象的概念是以专门的烹饪**技能**（know-how）、食物的准备和摄取的含义为相应前提的。正如，一个学语言的学生把不知道的字称作"生字"，把某个内容学到能够流利地背诵地步描述为"滚瓜烂熟"，也是以上述认知为条件的。通常，在一个家庭场景中，一个学童经过一晚上的温习后，可能被其长辈呵斥为课业还很"生"，而不是"成熟"或"煮熟"。这个"生"的状态就被认为是一个标识，说明这个学童未能专心致志于其学业。

这种对熟悉与消费的习惯性融合具有重要的历史学意义。对某物了解和有经验（熟），将使主体处于一个顶级厨师或行家的权威位置，其卓越来自恰当地准备或享用食物的能力，这种情形可以被描述为驾轻就熟——意味着,某人因为此前有经验,所以能够轻而易举地完成一项任务。[34]（例如,古代道家哲学提供的充满智慧的片段中就有:"庖丁解牛",把解决世俗难题比作宰牛时找到了正确的切入角度;"治大国若烹小鲜",则把管理大国比作烹制小鱼。）因此,历史书写和专业厨师做菜的程序不同。于后者,即使最粗糙、最有韧性的原料,也可能被毫不费力地分解,其每一部分都能按照一种精心设计的程序理顺。作为获取和积累信息的理性形式,主流的历史方法总是致力于把自身表现为能够理解（即吸收和含纳）那些哪怕是最小众、最边缘或最不合乎常规的因素。这些因素最终消失在被称作知识的饭菜或汇编里面,正是在这个过程中,许多历史学家断言他们发现了学科和使命。[35]

这种被广泛纵容的在食物和认识论方面特有的历史态度,把知识视为一个对小众的、边缘的和不合乎常规的事物的稳定**合并**（即同化与消除）的过程,它归根结底是文化资本的积累。面对这种情形,马国明的街道阅读实践传达了一项独特的异议。马国明的写作是一种言语,它把成熟和煮熟的同源词带进其逻辑极限,显示了文化在达到其完美高度时,是何其接近于成熟与腐烂。对马国明而言,真正"了解"香港的城市文化,就等于把它转过来,暴露其腐烂的底部。马国明烹调和消费香港的方式并没有带来另一种技艺精湛的历史学盛宴,而是沿着边缘离心地阅读,顽固地追溯被遗忘的贫弱阶层的经验。这不无矛盾地把城市复原到一种稀缺的状态。其中，血淋淋的场景依然可以看见。

传统的历史编纂学即使在对庶民阶层表达同情时，也倾向于赋予历史学家的能动性（及其生产理性主义知识的行为）以合法性。马国明的阅读和写作方式与此不同，他致力于呼吁人们关注贫弱阶层的小人物。这些小人物代表了一种忧伤的生存状态，但他们的代表性又可能是自相矛盾的、不稳定的或微不足道的。在马国明提供的制图学中，这些身处阴影中的人物没有消失在被某个史学家把控的香港知识叙述中，而是像异质生活形式组成的星丛那样熠熠生辉，然而这种光芒又是一闪即逝的。成千上万的菲律宾妇女（Filipinas）每周通过给其他人做家务谋生，她们在周末把中环的开放性空间转变为自己的家庭空间，享受着正好是她们的男女雇主在家享受到的愉悦——穿上好看的衣服、做着随意的发型、与同伴分享食物、休息、闲聊、社交。没有真正的空间让匿名的漂泊者疲惫的身体得以歇息，在深夜亦是如此。他们聪明地在足球馆的一个角落找到了安静的时刻，也就是白天场馆没有被使用的时候。理发的、修锁的、补鞋的、卖水果的、修表的、鱼贩和其他各色人物，隐藏在穷街陋巷中经营着微小、卑下的生意。尽管如此，他们还是日复一日地为城市大众提供一些最基本的服务。

读者必须进入梁秉钧和马国明的文本，以在两位作家提供的丰赡多姿的世界里,去寻找自己与他人的相互共鸣却又完全独立的思考。在香港回归中国的时代,这些说粤语的作家对香港的书写迫使我们追问:**在香港官方文化曾经是英国殖民主义,如今是中国国族主义的情形下,用带有粤语腔调的标准中文写作意味着什么?**[36]当香港的故事反复被翻新并重新包装为中英和全球资本主义起伏的大叙事的组成部分时,书写少数群体的活动和阶层又意味着什么?[37]被构建的知识中心总是有着巨大的吞噬力:在权力内部反写中心的行为也许不可避免,它本身就包含着自我解构的危险。正如马国明评论的那样,"记着失败者的历史的人往往不得不冒着生命危险"[38]。同时,马国明的城市不可见物的制图学就像它速写的居无定所的小人物一样,在提醒我们历史书写根本的不完整性。但是,借用迪佩什·查卡拉巴提(Dipesh Chakrabarty)的论述,我们可以说,这类书写必须"含蓄地假定一种多重时间的共存,当下与其自身相互分离"[39]。

五
一个香港童年的声音与书写

"那么,故事结局如何?那个女的后来发生了什么?她那脆弱的表姊妹,就是暗恋她丈夫的那个,后来怎么样了?快告诉我们吧!"根据我母亲的回忆,这些是她在产科病房即将诞下第一个孩子,也就是我时,被大伙儿团团围着追问的问题。当分娩的阵痛越来越强烈,她被推进医院的产房时,值班护士最关心的仍然是她们在收音机上听到的戏剧情节将如何推进,而这些广播剧的讲述者正是我的母亲。母亲粉丝的不理智行为,在我出生时的场景中折射出了一幕家庭传奇。我们可以通过这个家庭传奇,对电视成为大众媒介的主导之前,人们迷醉于以声音形式讲述的广播故事的情形,予以独一无二的考察。当人们纯粹借助声音而习以为常地与一个虚构世界联系在一起时,那将会是一种什么样的经验呢?

若干年后,母亲已是一名广受欢迎的播音员,而彼时的我大概五六岁,亲身体验了她的灵晕(aura)。我和一些熟识的朋友坐在一家电影院里,他们带我去看影片《人海双雏》(人海雙雛 *Yun hoi sheung chor/Renhai shuang chu*)[1],它改编自母亲的广播剧。我所能够清楚了解的就这么多。让我特别惊奇的是,影片开始时,母亲出现在了银幕上——这个熠熠生辉的画面至今还在我的头脑中栩栩如生。我好像被送到了一个全然陌生的梦境,但从我身边的观众里面爆发出一阵掌声。"这是妈妈。"我还记得,坐在黑暗中的自己在那一刻其实是相当迷惑的:"人们为什么为她喝彩?"但来自人群的热情迅即将我淹没。尚未意识到发生了什么,我就和人们一起鼓掌。

母亲的银幕形象是故事的讲述者,为影片即将铺陈两小时的情节提供解说(敘述 *jui sut/xu shu*)。如果我的记忆可靠,她是坐在一张桌子旁边,直接对观众讲述的。在1950年代和1960年代的香港广播界,母亲的名字因为许多成功的广播剧而为人所知。其中一些剧目还被改编成了电影。据我猜测,母亲亲自在影片《人海双雏》开头出镜,这应是公司宣发策略的一部分。

当然,在我开心地与其他观众一道为银幕上的母亲喝彩时,我尚未意识到大众媒介领域正在发生着划时代的变化。回顾往昔,英帝国远东殖民统治背景中的中产阶级教养,还有那些微不足道的好奇、神秘、期盼与烦闷,作为重大历史契机下的偶然,日复一日地充斥着我这样一个早熟学龄儿童的日常——但也只有诉诸追忆,我才能找到一种特定的视角和词汇,用一个更为客观的姿态去讨论这些偶然。

播送天空小说

广播剧的播音员现身于电影银幕是一种暧昧的症候，它表达了虚构作品从旧的讲故事模式向更新的、更直接的借助广播和电影而媒介化的过渡情形。我母亲从事的工作就是这种过渡及其暧昧性的典型表征。作为一个有着语言天赋的年轻女孩，我母亲对表演充满热情。在 1950 年代早期，她以粤语播音员的身份在英国广播公司"丽的呼声"（麗的呼聲 Lai Dik Fu Sing/Li Di Hu Sheng）电台工作。她因出演广播剧《结婚十年》（結婚十年 *Git fun sub neen/Jiehun shinian*）的女主人公，日益积累了名气。出演《慈母泪》（慈母淚 *Chi mo lui/Ci mu lei*）是母亲职业生涯早期的巅峰。这部广播剧播出后非常火爆，接着就被改编成电影，同样获得了成功；根据广播剧剧本写成的小说几年后也出版发行了。[2] 很多听众为母亲的声音着迷，以致若干年后她在不同场合遇到的陌生人——比如的士司机、商铺老板、街道小贩和其他匿名的听众——还常常能够在母亲说话的瞬间就认出她来。

虽然母亲起初对表演感兴趣，但在通过广播扮演不同角色时，她很快就发现，好的剧本相当稀缺。备感沮丧的同时，她开始尝试剧本写作。终于，母亲在继续播音的间隙成为一名重要的广播剧作家和制作人。正是以剧作家的身份，母亲给香港广播剧小说的面貌带来了根本性的转变，并且使其稳定了下来——尤其是从单一叙述者讲故事的形式到多个角色对话的戏剧形式。[3]

在第二次世界大战结束的第一个十年左右，香港大众对娱乐业的需求相对来说还比较简单。1948年，"丽的呼声"（Rediffusion，即短语"转播"[relay diffusion]的删节组合）作为香港第一家商业广播公司成立，其总部在伦敦，与政府1930年代开始赞助的"香港电台"一道运营；"丽的呼声"最初只播放流行音乐、新闻和"小说"。[4] 当时的节目主要改编自中国传统的章回小说（章回小說 jeung wui siu suet/zhanghui xiao shuo）和说书（說書 suet sü/shuo shu）。这些"小说"播出时常常只有讲述者一个人的声音；讲述者采用全知视角，同时以腔调上的微调来区分不同角色。母亲的老同事里面，李我是这种播音方式的大师。他那时使用的英文昵称是"You Me"。这种播音方式在香港广播史上被称为单人讲述（單人講述 daan yun gong sut/danren jiangshu）。[5] 从上面的简短描述即可清楚地看到，这类叙述的核心一直都是传统的说书人表演。因此可以说，声音表演是这类故事生命力的唯一来源。

就虚构作品的表达方式而言，单人讲述有趣的地方在于说书人绝不是唯一可行的通用先例。20世纪上半叶，中国或说中文的观众和其他非西方世界的观众一样，开始能够接受西方的戏剧形式。中国剧作家也开始积极尝试一种新的、西化的戏剧形式，即来自现代欧美的现实主义话剧（話劇 wa kek/huaju）。然而，因为舞台剧具有一种可见性，它在表意时无需叙述者的帮助。也许正是这个原因，广播剧的播音员们最初没有采纳话剧的形式，因为他们在创作时不具备可见性。相反，广播剧的创作者构思剧本的主要依据是单一的叙述者，所以他们采取了更古老的说书人文类模式。他们最初似乎并没有意识到广播剧制作方式与传统说书人模式在根本方式上的差异，也就是说，鉴于广播传递的"声音"已经被技术中介化了，就模拟和掌控而言，广播实为一个全新的领域。虽然声音从属于播音员，但播音员的声音事实上已经是大众媒介化进程的某个组成部分，其中的表演者与更传统的现场演出（包括舞台剧）场景中的演员不同，她与其受众已经被技术切割，即使她在深情而投入地表演（如此，演播室里面的演员面对的只是一个麦克风，背后则是关闭的房门）。换句话说，早期香港广播剧的叙述者虽然将自己的演出建立在中国古典文类讲故事的基础上，但他们所依赖的媒介的技术化细节，迫使其表演走向一个不同的方向。

所以，我母亲早期的工作，主要是通过尝试和实验使某种表演方式得以强化，且她的经验在日后成为所有广播剧可以沿袭的方法。不同于单人叙述的模式，母亲创造了戏剧化小说（戲劇化小說 hei kek fa siu suet/xijuhua xiaoshuo）——其表现方式像舞台剧那样，包含了对话，并使男女演员扮演不同的角色。单人叙述者除了用声音讲述，还必须表演故事中的所有人物，而新的戏剧化小说就很不同，在表现一个故事时，这种模式可以同时包含多个不同的声音和角色。通过强化故事的悬念和冲突，对话使人物性格的发展也更为精细，反过来，各种情节的复杂性也增强了。

但广播剧又和舞台剧不同。作为媒介，广播意味着无论剧情和人物多么复杂，广播剧都必须接受这一事实，即其受众并非有形的实体，播音员无法从受众那里得知他们接听时的情况。因为这种不可见的特征，广播具有抽象性，于是，播音员必须采用一些手段用于联结在空中生成的故事和接收末端的听众。因此，我母亲和其他投身于广播剧创作的叙述者，在运用对话推进故事情节时，就成为联系受众的重要一环。他们明确地开篇、点评并适时地为故事收尾。这里的讲述者和单人叙述者不同，他或她不得不"下台"，用不同角色的声音来实现真实的戏剧化场景。同时，讲述者不仅仅是某个戏剧人物。每次他或她总是要对听众说开场白，比如"各位听众，上一场我讲到……"，讲述者是戏剧原理的生成机制，他们在一个纯然想象的表达语境中将之阐明。在提供多余的声音或旁白方面，讲述者事实上是必不可少的，共识性的内容补白确保了广播剧的亲民性质，因为其受众里面有相当一部分人都没有接受过良好的教育，属于半文盲或文盲状态。虽然讲述者看上去像是古老的讲故事传统的残余，但他或她在大量戏剧化情境中的不合时宜的在场，表明了特属于广播的一些状况正在生成，比如，一个新的社会化进程、一种小说和受众间的联系，它们与广播这一媒介本身深度纠缠在一起。

从剧本到（乡）音

除了形式与介质上的问题，我母亲还面临着在二战后的香港存在了几十年的特有的发音难题。如果说母亲的工作挑战了传统广播的说书、舞台剧和单人讲述模式，那么她其实也在挑战更普遍的难题，即用本地口音讲中文。母亲常常回忆道，当她开始播音时，手头的剧本是用标准的现代汉语书面语（語體文 $yü\ tai\ mun/yuti\ wen$）写成的，这种书面语是中国人共同学习和读写的形式，但因为人们来自不同的地域，他们的发音也不尽相同。（例如，说普通话的人和说粤语的人就无法互相理解，除非他们把各自要表达的意思写下来。）如此，广播剧演员的任务就不仅包括大声朗读剧本，同时还要把书面语转换成粤语口语。当表演戏剧对白时，男女演员在发音之前，不得不首先在头脑中完成语言的翻译。鉴于标准的汉语书面语和粤语之间的巨大差异，这些翻译在说粤语的听众看来，常常因为其不自然、不地道而显得别扭。我母亲对这种尴尬的现状深感担忧。

不仅仅是因为粤语是大部分香港人的本地语言，更重要的是，粤语是展示戏剧动作的关键手段。这种情况下，汉语书面语的干扰就令人无法容忍。所以，当母亲开始写剧本时，她迈开了勇敢的一步，直接用粤语来创作，以把握语言之间的微妙差别。就像香港的日常口语那样，母亲的写作充满了各种各样的在语法、句法和口音上都有特定含义的尾语（尾語 mei yü/wei yu），举几个最简单的例子，比如呢 nee、啦 la、㗎 gar、喇 lar、噃 bor 等。总体来说，母亲在剧本创作中体现的活泼语言风格很快为广播剧定下了一种新的标准。因为男女演员不必再翻译用标准的汉语书面语写成的对白，他们可以把精力自如地放在粤语的声音演出上，这就大大提升了表演效果。

母亲在剧本写作时不仅对无线电传播中粤语对白的复杂性保持着相当的敏感度，而且她还把这种专业素养传递给了年轻一代的播音员。这种敏感性是对时代合乎常理的回应。在1950到1960年代，许多人移居香港，这个过程客观上带来了包括上海、宁波、湖南和福建等地的多种口音。即便在广东，也存在着因地域不同而彼此殊异的发音方式，比如中山（中山 Jung san/Zhongsan）、顺德（順德 Shun duk/Shunde）、东莞（東莞 Dung gwoon/Dongguan）、台山（台山 Toisan/Taishan）等。[6] 我的父母除了流利使用普通话和粤语外，还能出色地模仿其他地域的口音。童年时期，我和妹妹们享受着从父母那里学习这些方言的优越条件。父母的语言技巧不仅给家人带来很多笑话和趣闻，而且在那些以流散华人的语言困境为主题的广播喜剧中拥有极大的便利。这类喜剧有《南北乾坤》(南北乾坤 *Naam buk keen kwun/Nanbei qiankun*)、《女佣万岁》(女傭萬歲 *Nui yung man sui/Nüyong wansui*)等。我的父母通常扮演那些来自中国其他地方的人物：他们在香港的粤语环境中挣扎过活，却常常因为语言上的误会而产生极其滑稽的令人捧腹的效果。

语言问题也表明了广播剧在内容需求上的变化。母亲早期的创作集中于爱情和亲情关系，总体上可以被归纳为爱情伦理小说（愛情倫理小說 *ngoi ching lun lei siu suet/aiqing lunli xiaoshuo*）。[7] 在1960年代，她逐渐转向反映时代问题的社会小说（社會小說 *sair wai siu suet/shehui xiaoshuo*）。这些"当代社会"故事具有一定的揭露意义，这里可以举出几例，比如《朝九晚五》(朝九晚五 *Jiu gau man ng/Zhao jiu wan wu*)、《大厦千秋》(大廈千秋 *Dai ha chin chau/Daxia qianqiu*)、《有车阶级》(有車階級 *Yau chair gai kup/You che jieji*)、《民以食为天》(民以食為天 *Munyi sik wai tin/Min yi shi wei tian*)、《孤寒财主》(孤寒財主 *Gwu hon choi ju/Guhan caizhu*)、《捕风捉影》(捕風捉影 *Bo fung juk ying/Bufeng zhuoying*)等。所有这些标题都有具体的社会学指涉，我母亲的创作对此的确有着充分的自觉。和许多作家、艺术家一样，母亲年轻时的写作风格倾向于抒情主题，在她的创作成熟后，则有了更浓重的讽刺色彩和更强的社会性。母亲的工作一度被大部分人遗忘，但持续吸引我的是她所面临的挑战,即把"具体的"事物传送到空中,转换为声音——这一挑战不仅表现在要借助书写、声音录制和剪辑等物质手段,创造一种高度媒介化的戏剧现实主义,而且还反映在要运用实体的传播体制和接下来几十年里逐渐转向虚拟的娱乐工业。[8]

即使是在最原初的阶段,无线电广播不就已经是一种虚拟现实了吗?其虚拟程度远超过了依附影像的媒介,比如电视。远在电视影像出现以前,广播的声音已经标识了现代媒体的发展,广播技术消除了编剧行业历史悠久的具身性负担,因其原声的性质,给残余的共鸣留下一个诱人的症候,即物化了的人的声音。按照德里达早期的观点,如果说在逻各斯(logos)和德里达(在其胡塞尔式和海德格尔式的思考中)所谓的在场的形而上学关联方式中,声音通常被赋予优先的意义,[9] 那么我们可以认为,**无线电广播**的声音指涉的正是这两者确定无疑的分割或脱钩。广播通过无线电波传递给我们一种在场的声音——声音沿着大气这种介质"出现"、传播和分散——它所确认的无非是一种去在场(depresencing)的过程,即从发出声音的真实身体中永久性的逃逸和放逐。

在大部分高度媒介化的形式中,自发性实则是固定的规训和限定的后果,在广播中也不例外。在系统化地使用盘式录音磁带之前,广播被定义为即时性事件。其中的错误,甚至是最尴尬的瞬间,都会成为声波的一部分,传入听众的耳朵。这些听得见的错误提醒着媒介化进展尚未完善。它仍然会不可避免地为间或发生的错误留下可乘之机。那时，衡量一名播音员优秀与否的标志，就是看他能否在现场播音时一直不产生延迟和口误，他投射在听觉上的声音能否制造持续且不停顿的"幻象"。[10] 相应地，那些出现发音失误的播音员就会打破这种幻象，给他们的同事造成麻烦，他们自己也常常沦为业务精通者的笑柄。因为这些演出正在实况播出，他们必须控制住自己不要笑场。

随着录音带的发明，录音逐渐成为可能，一切都发生了变化。[11] 就广播剧而言，这种意义深远但又特别可行的方式，使戏剧幻觉的制造得以重新概念化。延迟、发音错误和其他口头失误不再是无法避免的尴尬。如今，一部剧本的某个部分的演出可以不断重复，再剪接，直至完美。这意味着播音和聆听不必同期进行。这两种活动此前强制的同步性在实践和理论层面彻底被打断了。因为可以提前准备，录音技术开启了完美的、零失误的广播剧时代。

对广播剧和连续剧的制作者而言，此后的制作就好像是在**储存时间**，即提前录制剧集，这在香港广播业界被称作存货（存货 *chuen for/cunhuo*）。例如，一部广播剧若一周播放三次，那么通常至少会提前准备和"存储"两到三集。出版界，这种定期播出的方式就像早期报纸和期刊上的系列故事连载或专栏。这种制作方式非常依赖剧本作者的效率，因为提前写作并录制足够的剧集,对这个时期的广播剧制作相当重要——在大多数情况下,与实际的播音日程赛跑已是剧作家的家常便饭。

幻影般的声物

与此同时,无线电声音因其抽象的特质,需要其他具有创意的声响的介入,以强化广播的现实效果。媒介的幽灵性和叙述内容的具体性之间的矛盾,在广播剧中显得尤其尖锐。在新闻广播中有播音员的声音就足够了,随后再补充录制好的素材和新闻记者在真实场景中的现场评论;在音乐节目中,电台主持人主要担任介绍人或评论者的角色;而广播剧和这些都不同,其对戏剧性表现的需求天然地与广播的抽象性相悖。广播剧的戏剧性表达不仅包含多种声音,使对话的运用成为必需,正如我母亲在"戏剧化小说"初期阶段所正确地认识到的那样;广播剧还需要道具、姿势、身体动作和其他能够强化其幻觉性的事物。不同于口语表达的简单直接,广播剧演员始终要面对并处理剧本和特定媒介之间的关系。比如,什么可以通过电波传输得以精准地戏剧化,以及如何将之戏剧化?也就是说,如何有效地构建一种只能听到却看不到的戏剧气氛?

在"具体音乐"(musique concrète)及其相关革新在全球范围内迅猛发展的那段历史时期,人们逐渐清晰地认识到,声音和图像一样，可以人工制作、混合和组装（这就是众所周知的"声音蒙太奇"）。借助各种（电子）组合和拓展技术，声音也可以按照现场的物体、原材料和素材的形式进行加工，然后应用于任何需要的场景。运用特殊声效，落雨、打雷、婴儿啼哭、繁忙的街道交通、汽车启动、足球场人群欢呼等声音，都可以借助技术来实现。经过现场的声效录制，物化的声音就可以在录制相应的对话片段时由控制室的技术人员播放出来。然而，对孩童时期的我具有吸引力的是一种不同的声物。它们更具有即时性，是当代典型的日常家居环境，也是我母亲许多广播剧中所展现的。电话或门铃响起，有人在上下楼，有人在敲门、开门或摔门而去，餐桌上的玻璃和银质餐具碰撞，餐盘落在地板上破碎。这些普通的社交生活的声音，常常是在录音室内由人工合成的。制作这些声音时，录音室需要配备一些简单的物品。当一个戏剧场景需要这类声音时，就需要有人进行即兴创作——比如，拨打仅为制作铃音而安装的电话设备，在不通向任何地方的一段楼梯上上上下下，摔一扇道具门，或者轻轻敲响餐桌上的玻璃和银质餐具以生成与就餐相关的日常噪声。

虽然那时我还很懵懂，但我被那些实实在在地放置在录音室里的电话、楼梯、门、玻璃与银质餐具等深深吸引。准确地说，这些对象并非常规意义上的道具，因为这些对象并未像在舞台剧中那样出现，而是以神秘的、次等的方式存在着。这些对象的唯一用途就是通过技术手段生成一种戏剧环境，尽管这个活生生的环境纯粹是想象的。对白的声音来自男女演员的身体，经由这些物体制作的声音则是**无形的标识**（incorporeal signs），其现实性完全来自其唤起的听觉仿像（auditory simulacra）。

借助技术来划分（或科室化的）创作、录制、加工、接收等环节，广播剧得以实现。我还记得，广播剧制作中对声音的客观性的强调到了一种不可思议的程度。虽然**声音来源被刻意掩藏或显得无足轻重**，但它具备很强的暗示能力，矛盾的是，声音的这种客观性似乎也正是其一直无法言喻的原因。难道不正是声音的客观和不可言说的双重性质，赋予了它，尤其是人类的发音，以古老的、超凡的在场的形而上学含义吗？正如德里达告诉我们的，这种超凡的在场瞬间遍及此地与他方（或既无所不在，又渺渺茫茫）。在当代的声音研究中，这种形而上学的含义有个指示性的术语——幻听（acousmatic），它常常和法国音乐理论家皮埃尔·舍费尔（Pierre Schaeffer）与米歇尔·希翁（Michel Chion）联系在一起。该术语指的是一种可以听到但看不见其缘起的声音。换句话说，这种声音没有可辨识的视觉定位。[12] 但是到目前为止，从现象学角度看，声音的在场问题鲜少能够得到彻底解答。即使具有可辨识的视觉定位，声音的源头和效果之间的鸿沟至今仍未能得以填补。可以说，在任何一种声音里面，都还存在着幻听的、被遮蔽的和神秘难解的内容。[13] 就广播剧而言，我意识到录音室里那些用于制作声音的物体似幻影般存在，这也许仅仅是一个孩童的直觉，但这种直觉把握住了声音最基本的抽象特质。这种特质在人工录音过程中变得更加显著。在这个意义上，德里达这样的哲学家所从事的语言解构工作，可以被视为与无线电广播以及其他战后听觉设施同期开展的先锋实验。正如德里达在其所谓的"文字学"中反复铭写的声音踪迹（铭写事实上是生产、扩展和增殖），我们可以认为，声音艺术家们和作曲家们使用拼接、录制和组装的电子技术，瞬间跟踪、扩展并使声音的潜力无限增殖。[14]

在1950年代的香港，广播业的繁荣建立在有线中继网络的基础上，但无线广播很快便使其相形见绌。"丽的呼声"依赖的双绞线服务使公司获得了口碑。其用户需要购买或租赁一个匣子，用于接收广播节目，但它很快就失去了其虚拟的领地，并让位于新发展起来的香港商业电台（Commercial Radio），后者最终以一份特殊的合约聘请母亲担任其制作人。在香港商业电台进军无线广播业期间，[15] "丽的呼声"标志性的收音匣子，像中产阶级家庭客厅里的许多稳固、体面的家具那样，旋即成为一个过时的古董。用于收音的匣子昂贵而笨重，就像固定的唱片机和后来的电视机那样，它有一个坚固的木质框架，这意味着它不可移动。"丽的呼声"的收音匣子迅速被新的晶体管收音机所取代——在香港，它被称为原子粒收音机（原子粒收音機 yuen jee lub sau yum gei/yuanzili shouyinji），其轻便的外观设计有力地推动了广播及其听众之间关系的转型。正如收音机不再需要被放置在家庭某个特定的角落,其听众在收听时也不必受到空间的局限。便利的携带式无线设备使广播的收听者成为移动的主体,可以参与一种高科技影响下的民主化的社会性存在。所以,在电视技术实现无线转播并产生不可逆转的巨大影响之前,香港商业电台的节目在1960年代上半叶普遍易得的消费氛围中,得以渗透进社会的各个层面。[16]

创作广播剧:"幕后"场景

在母亲的三个孩子中,我似乎是唯一有兴趣对其播音工作的意义投入积极思考的。我的两个妹妹并非漠不关心,其实她们在很多方面,包括长相和性格方面更像母亲。她们和母亲相处的时间也比我长。也许是因为更为亲近地相处,我两个妹妹比我更快地脱离了对于母亲的情感依赖。而我在年轻的时候就离开了香港,除了每年的探亲和特定的家庭聚会,基本没有回来过。所以,我在母亲去世二十多年后,依然感到无法释怀。

母亲去世后几个月,我在双亲的公寓里整理她的遗物。当我打开层层叠叠的旧手稿,大量的文字呈现在我面前。母亲生前书写的这些文字,随意堆放在多个橱柜、抽屉或其他什么地方,可能已经被遗忘了。也许,我是包括母亲在内的第一个为其写作开列出清单的人。连续整理两周后,我终于拟出了一份母亲在1952年到1979年间创作的广播剧和电影剧本以及其他故事梗概的列表，它肯定还不完整。个别剧本看上去还保存完好，因为这些剧本首先要用于播放或拍摄，但它们中的大多数都会遗失一些部分。据我那时（1989年秋）的粗略清点，这份创作清单包括六十部广播剧剧本、五部电影剧本、八部电视连续剧剧本和许多部广播剧与电影的故事梗概。

母亲和许多中文作家一样，在电脑出现之前的岁月里，她用手写的方式完成了所有作品。母亲在原稿纸（原稿纸 *yuen go jee/yuan gao zhi*）上创作的形象深深刻印在我的脑海里，每次念及母亲，她写作的场景就会浮现于眼前。我在蹒跚学步的时候，曾拿起笔在她的稿纸上歪歪扭扭地画了一些符号，不过这些已经漫漶于我的记忆。在我长大后，母亲饶有兴味地回忆起这件事，并不时地向我展示一张旧稿纸。的确，稿纸上有一些未经训练的手迹，依照着母亲的书写，仿佛在写中文字符。我想，那些来自一个学前儿童的虫爬般的涂鸦，当是我对母亲"原初的激情"的记录，我想**成为**她。

几十年后，我沐浴在秋日的暖阳中，随意翻看母亲留下的书写纸张。看着那些母亲多年前写下的巨量作品，我轻轻拂去早已泛黄的纸页间的积尘与虫尸，情不能自已。母亲在生前最美好的年华里，就那样逐字、逐行、逐页地创作。她究竟写了多少部成千上万页的作品？看着这些手稿，就好像看到母亲的一举一动，仿佛母亲又从年月中走来。我第一次对母亲以作家身份为生的艰辛充满感激——她日复一日、年复一年地通过艰难、耗时的体力劳作，再借助表演把那些令人陶醉的声音幻象传播到空中。

记忆中，即使对孩童时期的我而言，广播剧的制作都是相当枯燥的，"幕后"的场景也比较无聊。母亲有时在早晨就开始写作。根据她的工作安排，写作会持续到傍晚或黄昏时分。她的写作条件非常简陋：一支钢笔，一叠码得整整齐齐地、写着她笔名"艾雯"（艾雯 Ngai Mun/Ai Wen）的稿纸，外加一个垫板，以便写作时舒服一些。她身边常常放着一杯清茶。我和妹妹们还小的时候，总是尽可能地在她连续几小时的工作期间在她身边玩耍，不过常常被家里的用人带到一边去。我家的公寓没有装空调。母亲在香港夏季的酷热中挥汗如雨的写作场景，我至今记忆犹新。除了天气，母亲还不得不与噪声做斗争：我们家住在港岛的毗邻渣甸山（Jardine's Lookout）的大坑道，大约有十五年的时间其周边都在兴建各种建筑。在牵引车、破碎锤和打桩机在周围发出巨大的轰鸣声时，母亲就需要寻找一个相对安静的角落去写作。母亲有时在一天中不得不"打游击"，而她总是幽默地把自己比作不断逃难的难民。

通常，母亲创作的一部广播连续剧长达四十到六十集，每集半小时，每集的剧本大约有十页（母亲经常使用的稿纸会比商店售卖的那种要大很多），上面垂直排列着字句。我不清楚母亲每周要创作多少集。我只记得，每当她完成两到三集就会把稿子送给抄写员。从今天的角度看，这个工作程序像是来自另一个星球的神秘仪式。抄写员不得不使用一种针笔（針筆 *jum bat/zhen bi*），把母亲的手稿誊抄到铺在钢板（鋼板 *gong ban/gang ban*）上的蜡纸（蠟紙 *laap jee/la zhi*）上。因为每一集都需要很多提前准备好的复制件，分发给参演的男女演员，这在影印技术出现之前，用复写纸来完成是不可能的。抄写员谋生的艰辛和卑微不难想象：抄写员用针笔把剧本刻写在蜡纸上，这至少会对手指和眼睛带来伤害；他们的工作时间非常紧张而薪酬却微薄得可怜。某些特定的时候，若他们找不到足够的抄写员来完成复写工作，我就会加入其中。大概在九岁到十岁时，我的书写已经变得比较整洁。当然，在那些日子里，任何允许我参与成人世界里的事情，甚至是抄写这种苦差事，都给我带来很多快乐。我常常无比开心地加入疯狂的抄写中，还期待着更多的工作。也正是在这个时期，我学会了如何写在内地更广泛地使用的简体中文。因为从小在繁体中文环境中长大，我已经习惯了其指定的笔画要求，所以不太喜欢简体字的形态。对我来说，简体字就像缺失了重要部分的房屋，但这种字的确让我童年时的抄写工作更加轻松。

当一集广播剧的剧本在蜡纸上抄写完毕，它就会被放在油印机（油印機 *you yun gei/youyinji*）上用黑色油墨逐页打印出来，然后再进行校对、装订，最后分发出去。打印、校对和分发的最后阶段，是在广播公司的办公室完成的，且距离录制环节常常只有几小时的时间。男女演员收到剧本后，会仔细研读，并在剧本上标出自己的对白部分，也许还会快速地进行排练。当录制工作来临那一刻，演职人员齐聚录音室。录音室与控制室之间隔着一大块玻璃，以便演员和技术人员能够看见对方并进行交流。明亮的红灯"On Air"（播送中）一亮起，就意味着录制工作正在进行，除了与故事相关的声音，所有人要保持绝对安静。这种强制性的安静只有在幕间方可打破。按照我母亲的创作过程所显示的，这时过场音乐（過場音樂 gwor cheung yum ngok/guochang yinyue）就会响起，以在听觉上营造落幕的效果。[17] 如果口误或其他失误频频发生，这就意味着某个段落需要重新录制。所以，半小时一集的节目，要完成录制，实际上通常需要更多的时间。

我母亲在香港商业电台工作期间，（鉴于其工作合同的特殊性）她的录制部分常常在周日晚间完成。在写剧本将近一周后，母亲要在父亲陪同下，于周日下午较晚的时候"去上班"。他们回来时我们都已经睡了。偶尔，我被允许去看母亲录音，每当这个时候，我就觉得这是一份特殊的待遇。靠在母亲身边，看她整晚录音，我因此而感受到的快乐是无与伦比的。那时我没有意识到我所拥有的的确是一份独一无二的经验——没有多少孩子的父母从事此类专业的日常工作。我太过忙于感受"妈妈的工作"这一日程的快乐，而不知道这至少对一个孩子而言是罕见的。不过，在大部分周日的夜晚，父母去录音室时，我和两个妹妹还是交由家里的帮佣照顾。因为母亲节目的播出时间是在工作日的夜晚，我们周日无法在广播上听到母亲的声音，那些夜晚就显得漫长而孤独。第二天要回学校这一事实，也在此刻隐隐烦扰着我们。我们必须早早上床睡觉，后果是看不到父母回家。这种负面的情感暗示，至今让我对周日持有些许的沮丧，它似乎总是能够激发出一种怅然若失的情绪。

从广播到电影……及其他

在很多时候，母亲创作的广播剧被电影公司拿去改编而登上大银幕。改编成影片的有前文提及的《慈母泪》《捕风捉影》，还有《嫂夫人》（嫂夫人 So fu yun/Sao furen）、《旧爱新欢》（舊愛新歡 Gau ngoi sun foon/Jiuai xinhuan）、《难为了家嫂》（難為了家嫂 Naan wai liu gar so/Nanwei liao jiasao）[18] 等。母亲也专门写过电影剧本，比如《春满花开燕子归》（春滿花開燕子歸 Chun moon fa hoi yeen jee gwai/Chun man hua kai yanzi gui）、《难为了娇妻》（難為了嬌妻 Naan wai liu giu chai/Nanwei jiaoqi）、《女杀手》（女殺手 Nui sat sau/Nü shashou）等。我还记得，母亲创作电影剧本时，是按照电影业界的常用格式横向书写汉字的。

因为母亲介入电影工作，我有机会在她担任编剧的影片的拍摄期间造访电影公司。早在我开始从事电影学术研究之前，这些造访已经打开了我的眼界，让我看到技术复制时代的艺术作品全然零碎的制作方式。比如，当镜头聚焦于客厅的某个特殊角落时，房间的其他部分就可能是乱七八糟的，堆满了临时使用的器材、即将使用的道具以及其他杂物。这些东西只要没有侵入画面而被镜头捕捉到，就无人问津。在拍摄男女角色腰部以上的且面对面的谈话镜头时，女演员如果有点矮，就会让她站在一本电话簿上，如此，表现在银幕上时，其身高就会与配戏的男演员更加协调。然而在另一个场合，我被一位知名的女演员陈宝珠（陳寶珠 Chan Bo-jue/Chen Baozhu）扮演的刺客那精湛的武术深深吸引。拍摄那些动作场面时，一群人都在影棚里旁观。但是，当这个场景在电影院的大银幕上呈现时，电影的幻觉被剪辑实现得如此彻底，以至于女演员的特技像是发生在另一个自足的世界，而那个世界中，我们这些围观者奇迹般地消失了。

大约在十岁时，我受这类影片启发，写了一个电影故事梗概，主演是一个名叫白玫瑰（White Rose）的现代女游侠。母亲把我用铅笔写的稿子给她一个做导演的朋友莫康时（莫康時 Mok Hong-see/Mo Kangshi）看。据说，莫导演认为故事很有趣。不用说，他没有直接把我写的电影故事拿去拍摄，这让我感到有些失望。

这段时间，一件更为重要但又几乎不为人知的事情是，我母亲被邀请去写电影《广岛廿八》(廣島廿八 Guong do ya bat/Guangdao ershiba)的广播剧版本。她的电影导演朋友龙刚(龍剛 Lung Gong/Long Gang)在 1973 年制作了这部电影，讲述在广岛原子弹事件二十八周年一个日本家庭的故事，这部影片具有争议性。我没有看过这部影片，但我明白它讲述了一个家庭在二战后的创伤中勇敢存活的故事。龙刚导演主要使用香港演员来实现他在艺术、认知和商业方面的勃勃雄心——他希望影片传达一种具有普遍性的道德"和平"思想。在当时的香港，一部新发行的影片常常以广播剧的形式进行宣传——广播剧会在结束时留下悬念，诱使观众买票进电影院观看。出于母亲在广播界的名气，龙刚想让她为其影片写广播剧剧本。我母亲拒绝了。

后来，母亲告诉我们，她仍然有着很强的家仇国恨(家仇國恨 gar sau gwok hun/jiachou guohen)，这个无法翻译(成为英文)的中文习语传达着她的伦理约束意识。该事件中，母亲的家仇国恨暗指她对日本侵略期间千百万中国人遭受的苦难和牺牲的认知。虽然母亲没有就这部影片表达什么评论，但在她那里，龙刚的作品相当于对家国的背叛。[19]

每当有关战争的记忆以一种不舒服的方式折返眼前的时候，母亲以她那一代幸存者特有的集体方式，对战争进行了非个人的思考。积极参与创作一部战后日本市民生活困境的虚构作品，对作为一名中国人的母亲来说是难以想象的。战争期间，母亲作为一名孤零零的穆斯林家庭出身的女青年,所经历过的恐怖、暴力和创伤,成为她生命中永远无法分割的组成部分,但这在她的写作和节目中从未浮现。似乎有一个想象的边界,把那重经验尘封起来了。母亲的生命充满着非凡的历史性和视听的多样性,它以一种深沉而无言的方式,对我的思想产生着影响。母亲紧紧拥抱的沉静是一种防护性的面纱吗?母亲的这种沉静正是打开她无与伦比的创造性的唯一门径,这与来自她嗓音的发声难道真的是界限分明的吗?

注　释

导论：肤色——关于语言、后殖民性和种族化

1　Barack Obama, *Dreams from My Father* (New York: Three Rivers Press, 2004), 30，我的强调。感谢北海道大学（Hokkaido University）的濑名波荣润（Eijun Senaha）博士让我注意到奥巴马的文本。

2　Ibid., 30，我的强调。

3　Frantz Fanon, *Black Skin, White Masks*, trans. Charles Lam Markmann (New York: Grove, 1967), 109, 111, 112, 113.

4　Ibid., 112, 18.

5　Walter Benjamin, "On Language as Such and on the Language of Man," in *Reflections: Essays, Aphorisms, Autobiographical Writings*, trans. Edmund Jephcott, ed. and introduction by Peter Demetz (New York: Schocken, 1986), 321. 也可以参看 Walter Benjamin, "On the Mimetic Faculty," in *Reflections*, 333–36。有关后者的一个不同版

本，参见 Walter Benjamin, "Doctrine of the Similar (1933)," trans. Knut Tarnowski, *New German Critique* 17 (Spring 1979): 65-69。

6 虽然诸如召唤和称呼这样的词语在本雅明的语言论述中被提及，但它们很大程度上依附于一个神秘的神学框架。因此，它们需要其他的对话者进行补充，以便和我在导论其他部分提出的问题保持关联。

7 Louis Althusser, "Ideology and Ideological State Apparatuses," *Lenin and Philosophy and Other Essays*, trans. Ben Brewster (New York: Monthly Review Press, 1971), 127-86. 特别需要参看第 173—177 页，引文来自第 174—175 页。

8 出现在阿尔都塞论述中的询唤的声音或听觉意义，在多数情况下被涉及询唤的（通常是）电影（以及相关的文化）理论对视觉的关注给掩盖了。关于询唤的声音或听觉意义，一个精辟而细致的讨论，参见 John Mowitt, *Percussion: Drumming, Beating, Striking* (Durham, N.C.: Duke University Press, 2002), 42-66。如果我的理解没错的话，莫维特（Mowitt）的观点是，询唤应该被理解为（对主体）有着打击式的影响的事件。

9 Fanon, *Black Skin, White Masks*, 140, 我的强调。比如，有关法农工作比较全面的论争，可参看 Alan Read, ed., *The Fact of Blackness: Frantz Fanon and Visual Representation* (Seattle: Bay Press, 1996), 以及 Anthony C. Alessandrini, ed., *Frantz Fanon: Critical Perspectives* (New York:

Routledge, 1999)。

10 对相关内容感兴趣的读者，可以参看我对胁迫性摹仿的分析，Rey Chow, *The Protestant Ethnic and the Spirit of Capitalism* (New York: Columbia University Press, 2002), chap. 3。

11 关于命名的回溯性、述行性特征的富于启发性的阅读，参见 Slavoj Žižek, *The Sublime Object of Ideology* (London: Verso, 1989), 87–129, 特别是他在第 89—92 页对索尔·克里普克（Saul Kripke）和描述主义的讨论。关于齐泽克（Žižek）对命名政治的分析方法的讨论，参见 Rey Chow, *Ethics After Idealism: Theory – Culture – Ethnicity – Reading* (Bloomington: Indiana University Press, 1998), 43–47。

12 这正是雅克·德里达（Jacques Derrida）在《种族主义最后的世界》（"Racism's Last Word"）和《种族》（"Race"）里面表明的观点，参见 *Writing, and Difference*, ed. Henry Louis Gates Jr. (Chicago: University of Chicago Press, 1986), 329–38。

13 德里达在自传性的思考中，也把他自己的单语主义描述为失语症。与他相关的情况是，他被抛掷进"绝对的翻译，如果没有一种起源性的语言，没有一种源语言（langue de départ），这个翻译就没有可参照的一极"（*Monolingualism of the Other; or, The Prosthesis of Origin*, trans. Patrick Mensah [Stanford, Calif.: Stanford University Press, 1998], 61）。

14 关于皮肤如何作为一种互动性媒介,像现代主义艺术一样变得恋物化,可参看 Anne Anlin Cheng, *Second Skin: Josephine Baker and the Modern Surface* (New York: Oxford University Press, 2011)。

15 Fanon, *Black Skin, White Masks*, 111.

16 Chetan Bhagat, *One Night at the Call Center* (New York: Ballantine, 2007).

17 这种对呼叫中心代理人的表演性要求,使一些学者指出,呼叫中心的工作在交易业务情境中是一种情感劳动,带有一种潜在的伤害,因为看不到客户一方相应的责任。关于该问题,有一个有趣的讨论,参见 Kiran Mirchandani, "The Call Center: Enactments of Class and Nationality in Transnational Call Centers," in *The Emotional Organization: Passions and Power*, ed. Stephen Fineman (Malden, Mass.: Blackwell, 2008), 88–101。

18 Vikas Bajaj, "A New Capital of Call Centers," *New York Times*, November 26, 2011. 比如,有关呼叫中心现象的社会学后果研究(在不同学科中)的采样,可参看 Eric Friginal, *The Language of Outsourced Call Centers: A Corpus-Based Study of Cross-Cultural Interaction* (Amsterdam: Benjamins, 2009); Selma K. Sonntag, "Linguistic Globalization and the Call Center Industry: Imperialism, Hegemony or Cosmopolitanism?" *Language Policy* 8 (2009): 5–25; Mirchandani, "The Call Center"。

19 A. L. Becker, *Beyond Translation: Essays Toward a Modern Philology* (Ann Arbor: University of Michigan Press, 1995). 对贝克（Becker）来说，语言这个术语指代的是规则或结构体系，相对而言，言语这个术语则指代一个不受限制的过程，该过程把言说主体对语境的适应、对记忆的储存与检索以及交流，结合在一起。参看他在自己著作的导论中进行的分析，第1—20页。

20 这个《备忘录》的删节版，参见 Thomas Macaulay, "Minute on Indian Education," in *The Postcolonial Studies Reader*, ed. Bill Ashcroft, Gareth Griffiths, and Helen Tiffin (London: Routledge, 1995), 428–30。完整的文本可以在网址 http://www.mssu.edu/projectsouthasia/history/primarydocs/education/Macaulay001.htm 看到。

21 阿尔贝·梅米（Albert Memmi）把这种胁迫性称为"殖民双语制的折磨"，参见 *The Colonizer and the Colonized*, trans. Howard Greenfeld (New York: Orion, 1965), 106。

22 我要感谢几位志同道合的同行，他们具有启发性的著作分别从不同的路径对语言与后殖民性问题进行了分析，这些路径包括区域研究、文化民族主义研究、电影研究和宗教研究。它们是 Naoki Sakai, *Translation and Subjectivity: On "Japan" and Cultural Nationalism*, foreword by Meaghan Morris (Minneapolis: University of Minnesota Press, 1997); John Mowitt, *Re-takes: Postcoloniality and Foreign Film Languages* (Minneapolis: University of Minnesota Press,

2005); Srinivas Aravamudan, *Guru English: South Asian Religion in a Cosmopolitan Language* (Princeton, NJ: Princeton University Press, 2006)。

23 我的思考受到德里达 *Monolingualism of the Other* 的启发，参看我在第一章的讨论。

24 有关现代中文的一个信息量非常大的历史性研究，参见 Jing Tsu（石静远）, *Sound and Script in Chinese Diaspora* (Cambridge, Mass.: Harvard University Press, 2010)。

25 洪美恩（Ien Ang）雄辩地记述了那些有着华人血统但又不能熟练使用中文的人的特殊遭遇，参见 *On Not Speaking Chinese: Living Between Asia and the West* (New York: Routledge, 2001)。在回应这种族裔、文化、地理和语言的不一致问题时，有学者提出一个可供选择的范畴，即华语语系（sinophone），比如，关于中国大陆之外或少数派华裔群体的文化生产的研究，可参看下列著作：Shu-mei Shih（史书美）, *Visuality and Identity: Sinophone Articulations Across the Pacific* (Berkeley: University of California Press, 2007), and "The Concept of the Sinophone," *PMLA* 126.3 (May 2011): 709–18; Jing Tsu and David Der-wei Wang（王德威）, eds., *Global Chinese Literature: Critical Essays* (Leiden: Brill, 2010); Shu-mei Shih, Chien-hsin Tsai（蔡建鑫）, and Brian Bernards, eds., *Sinophone Studies: A Critical Reader* (New York: Columbia University Press, 2013)。

一 德里达的单语遗产

1 Jacques Derrida, *Le monolinguisme de l'autre ou la prothèse d'origine* (Paris: Galilée, 1996), and *Monolingualism of the Other; or, The Prosthesis of Origin*, trans. Patrick Mensah (Stanford, Calif.: Stanford University Press, 1998). 因为对该著有大量的引用，本书在行文中插注了引文的英译本页码，引文的法语原文则在适当时候放在了注释中。

2 "Je suis monolingue. Mon monolinguisme demeure, et je l'appelle ma demeure, et je le ressens comme tel, j'y reste et je l'habite. Il m'habite. Le monolinguisme dans lequel je respire, même, c'est pour moi l'élément. Non pas un élément naturel, non pas la transparence de l'éther mais un milieu absolu. Indépassable, incontestable: je ne peux le récuser qu'en attestant son omniprésence en moi. Il m'aura de tout temps précédé. C'est moi" (*Le monolingusime*, 13–14).

3 "Je n'ai qu'une langue, ce n'est pas la mienne" ; "Or jamais cette langue, la seule que sois ainsi voué à parler, tant que parler me sera possible, à la vie à la mort, cette seule langue, vois-tu, jamais ce ne sera la mienne. Jamais elle ne le fut en vérité" (*Le monolinguisme*, 13, 14).

4 "Je n'ai jamais parlé, jusqu'ici, de 'langue étrangère' " ; "En disant que la seule langue que je parle n'est pas la mienne, je n'ai pas dit qu'elle me fût étrangère" (*Le monolinguisme*, 18).

5 约翰·莫维特（John Mowitt）从发音方面对德里达文本的开头几页进行了有趣的阅读，莫维特用许多后殖民或全球电影的例子，把这个问题追溯到后结构主义理论和双语主义。参见 *Re-Takes: Postcoloniality and Foreign Film Languages* (Minneapolis: University of Minnesota Press, 2005), 85–89。

6 比如，德里达其他的自传性思考，可以参看 Geoffrey Bennington and Jacques Derrida, *Jacques Derrida*, trans. Geoffrey Bennington (Chicago: University of Chicago Press, 1993); Jacques Derrida, *Points… Interviews, 1974–1994*, trans. Peggy Kamuf and others, ed. Elisabeth Weber (Stanford, Calif.: Stanford University Press, 1995); Mustapha Chérif, *Islam and the West: A Conversation with Jacques Derrida*, trans. Teresa Lavender Fagan, foreword by Giovanna Borradori (Chicago: University of Chicago Press, 2008), 29–35。

7 比如，我们可以参看 Albert Memmi, *The Colonizer and the Colonized*, introduction by Jean-Paul Sartre, trans. Howard Greenfeld (New York: Orion, 1965; 扩充版由灯塔出版社 [Beacon] 出版于 1991 年，苏珊·吉尔森·米勒 [Susan Gilson Miller] 作"跋语"); Ngũgĩ wa Thiong'o, "The Language of African Literature," in *Colonial Discourse and Postcolonial Theory: A Reader*, ed. Patrick Williams and Laura Chrisman (New York: Columbia University Press,

1994), 435–55（这一章节录自恩古吉［Ngũgĩ］的著作 *Decolonizing the Mind: The Politics of Language in African Literature*［London: James Currey, 1986］, 8–33）; Chinua Achebe, "The African Writer and the English Language," in *Colonial Discourse and Postcolonial Theory,* ed. Williams and Chrisman, 428–34（这一章节录自阿切贝［Achebe］的著作 *Morning Yet on Creation Day*［New York: Anchor/Doubleday, 1975］, 91–103）。关于阿切贝和恩古吉采纳的相反观点的详细讨论，参看本书第二章。

8　Hédi Abdel-Jaouad, "Derrida's Algerian Anamnesis; or Autobiography in the Language of the Other," in *Remembering Africa*, ed. Elisabeth Mudimbe-Boyi (Portsmouth, NH: Heinemann, 2002), 266, 260。这篇文章对德里达很多出版的作品（不只是《他者的单语主义》）提供了细致入微、引人入胜的讨论。

9　"Un sevrage sans ménagement livrait… une partition plus aiguë, celle qui sépare la littérature française—son histoire, ses oeuvres, ses modèles, son culte des morts, ses modes de transmission et de célébration, ses 'beauxquartiers', ses noms d'auteurs et d'éditeurs—de la culture 'propre' des Français d'Algérie' " (*Le monolinguisme*, 77)。

10　德里达在另一个场合详尽地阐述道："我所归属的共同体被三种方式切割了：首先是来自阿拉伯人和柏柏尔人，实际上是马格里布的（Maghrebin）语言和文化；其次是来自法语的切割，事实上是欧洲的语言和文化，它被视为遥远的极点，与其自身的历史不相关；最后，或首先，是犹太人的记忆，其历史与语言必须被认为是其自己的，但在某一个既定的时刻，至少对其大多数成员而言，其历史和语言已经以特殊的、足够鲜活和内在的方式说明它们不再属于自己。如果我可以这么说的话，那种傲慢的特殊性，以及被称为殖民战争、殖民暴虐的创伤性残忍，包括我自己在内的一些人在两个方面都经历过。"（见 Chérif, *Islam and the West*, 34–35）

11 在英文资料中，有关这些文学语言分析最好的文献一直都是 Pierre Macherey and Étienne Balibar, "Literature as an Ideological Form: Some Marxist Propositions," trans. Ian McLeod, John Whitehead, and Ann Wordsworth, *Oxford Literary Review* 3.1 (1978): 4–12。若对相关问题感兴趣，也可以参看 Pierre Macherey, *A Theory of Literary Production*, trans. Geoffrey Wall (London: Routledge and Kegan Paul, 1978)。这类分析的关键是久已存在的文学艺术所反映的马克思主义问题，在当代法语语境中，该问题被一个复杂的精神分析焦点遮蔽了。后者关注的是认同、询唤和主体化。过去几十年里，这些分析得到了充分的讨论。

12 "Je crois pouvoir espérer, j'aimerais tant qu'aucune publication ne laisse rien paraître de mon 'français d'Algérie'. Je ne crois pas, pour l'instant et jusqu'à démonstration du contraire, qu'on puisse déceler *à la lecture*, et si je ne le

déclare pas moi-même, que je suis un 'Français d'Algérie' " (*Le monolinguisme*, 77).

13 德里达为纯粹法语所"困扰"的相关讨论，参见 Réda Bensmaïa, "La langue de l'étranger ou la Francophonie barrée," in "L'étranger dans la mondialité," special issue of *Rue Descartes* 37 (2002): 65–73。本斯梅亚（Bensmaïa）对德里达处境的充满同情的阅读，是他对（过度）认同法语所带来的异化后果的更大批判的一个部分。本斯梅亚在关于法语区（Francophonie）的论辩中追溯了这个异化的后果。阿普特（Apter）立足于比较文学的问题脉络，博学地回应了本斯梅亚的观点，参看 Emily Apter, "Theorizing Francophonie," *Comparative Literature Studies* 42.4 (2005): 297–311。

14 "Je n'en suis pas fier, je n'en fais pas une doctrine, mais c'est ainsi: l'accent, quelque accent français que ce soit, et avant tout le fort accent méridional, me paraît incompatible avec la dignité intellectuelle d'une parole publique. (Inadmissible, n'est-ce pas? Je l'avoue.) Incompatible *a fortiori* avec la vocation d'une parole poétique… À travers l'histoire que je raconte et malgré tout ce que je semble parfois professer d'autre part, j'ai contracté, je l'avoue, une inavouable mais intraitable intolérance: je ne supporte ou n'admire, en français du moins, et seulement quant à la langue, que le français pur… [J]e n'ose avouer encore cette exigence

compulsive d'une pureté de la langue que dans les limites dont je suis sûr… Elle m'expose seulement à la souffrance quand quelqu'un, et ce peut être moi, vient à y manquer. Je souffre davantage, bien sûr, quand je me surprends ou quand je suis pris en 'flagrant délit' moi-même" (*Le monolinguisme*, 78–79).

15 比如，可以参看 Frantz Fanon, *Black Skin, White Masks*, trans. Charles Lam Markmann (New York: Grove Weidenfeld, 1967)。杜波依斯（W. E. B. Du Bois）对美国黑人的世界做出令人瞩目的描述，他使用了"双重意识，即总是通过他人的眼睛看自己"这样的表述。"这样一种双重生命，"他说，"带着双重思想、双重责任和双重的社会阶层，必然产生出双重的语言和双重的理想，诱惑其心灵进行伪装或反抗，变得伪善或激进。"（*The Souls of Black Folk* [1903], introduction by Henry Louis Gates Jr. [New York: Bantam, 1989], 3, 142）。

16 Memmi, *The Colonizer and the Colonized*, 140.

17 "Je crois n'avoir pas perdu mon accent, pas tout perdu de mon accent de 'Français d'Algérie'. L'intonation en est plus apparente dans certaines situations 'pragmatiques' (la colère ou l'exclamation en milieu familial ou familier, plus souvent en privé qu'en public, et c'est au fond un critère assez fiable pour l'expérience de cette étrange et précaire distinction)" (*Le monolinguisme*, 77).

18 Abdel-Jaouad, "Derrida's Algerian Anamnesis," 266. 这里一个相似的情况是纳喀索斯（Narcissus）神话中的厄科（Echo）形象，我们记得，厄科被诅咒不能拥有她自己的语言，而只能通过重复他人的话来言说，然而，这个故事也可以被精确地解读为对他人声音的挪用（出于她自己的目的），她把自己的困境（语言上被扣为人质）转换成一种能动的形式。德里达把厄科的故事作为"他者的单语主义"的例子，可以在一部纪录片《德里达》(*Derrida*) 中的访谈看到, dir. Kirby Dick and Amy Ziering Kofman (Jane Doe Productions/Zeitgeist, 2002)。关于厄科的故事，从女性主义和德里达意义上的突破性重读，可参见 Gayatri Chakravorty Spivak, "Echo," *New Literary History* 24.1 (Winter 1993): 17–43。

19 比如，可以参看 Pierre Bourdieu, *Outline of a Theory of Practice*, trans. Richard Nice (Cambridge: Cambridge University Press, 1977), and *Distinction: A Social Critique of the Judgement of Taste*, trans. Richard Nice (Cambridge, Mass.: Harvard University Press, 1984), 特别是第二部分。应该指出，布尔迪厄并非第一个运用惯习哲学概念的人（惯习概念在其他思想家的作品中已经存在），而是采纳并重新阐释了马塞尔·莫斯（Marcel Mauss）的论述。在论文 "Les techniques du corps" (*Journal de psychologie* 32.3–4 [1936]), reprinted in Marcel Mauss, *Sociologie et anthropologie* [Paris: Presses Universitaires de France, 1950]) 中，莫斯重新使用惯习这个术语来命名总体的习惯、

身体技能和其他习得的实践，这些实践性内容都以具身性的行动，或特定社会中的非话语知识的形式呈现。莫斯的观点是，惯习本质上是社会的，"它并不指代那些形而上学的**习惯**，那些神秘的'记忆'，书籍的主题或短暂而知名的命题。这些'习惯'并不随着个体及其摹仿行为发生变化；它们的变化尤其发生在社会、教育、礼仪、风尚、威望之间。在它们中间，我们应该可以看到集体和个体的实践理性的技巧和运作，而不仅仅是一般意义上的灵魂及其重复的官能"（part IV, "Body Techniques," in *Sociology and Psychology: Essays*, trans. Ben Brewster [London: Routledge & Kegan Paul, 1979], 101, 莫斯的强调）。布鲁斯特（Brewster）对这篇文章的翻译发表于 1935 年，而不是在莫斯文章收入 *Sociologie et anthropolgie*（363）的 1936 年，1935 年也正是该文首次发表的年份（参见 Mauss, *Sociology and Psychology*, 122）。

20 Pierre Bourdieu, *Travail et travailleurs en Algérie* (Paris: Mouton, 1963) and *Algérie 60* (Paris: Minuit, 1978). 我在本章引用的英译来自 *Algeria 1960*, ed. Pierre Bourdieu, trans. Richard Nice (Cambridge: Cambridge University Press; Paris: Editions de la Maison des Sciences de l'Homme, 1979)。它包括以下文章："The Disenchantment of the World" "The Sense of Honour" 以及 "The Kabyle House or the World Reversed"。英译本为删节版，没有收入布尔迪厄研究机构的数据和其他支撑性材料，这在法语原版中都有。对相关问题感兴趣的话，还可以参看 Pierre

Bourdieu, *Picturing Algeria*, ed. Franz Schultheis and Christine Frisinghelli (New York: Columbia University Press, 2012), 这本书收入了布尔迪厄在职业生涯早期拍摄于阿尔及利亚的照片, 以及他关于阿尔及利亚的各种文章的摘录。

21 Bourdieu, *Algeria 1960*, vii, 92.

22 Bourdieu, *Distinction*, 474.

23 Pierre Bourdieu, "Making the Economic Habitus: Algerian Workers Revisited," trans. Richard Nice and Loïc Wacquant, *Ethnography* 1.1 (2000): 17–41.

24 关于布尔迪厄对这类批判工作的贡献, 以及这类批判工作在方法论方面的缺陷, 一个博学而有见地的评价和分析, 参见 John Frow, *Cultural Studies and Cultural Value* (Oxford: Clarendon Press, 1995), 27–47。弗劳 (Frow) 所论及的布尔迪厄的作品不包括 *Algeria 1960*。

25 Bourdieu, *Algeria 1960*, 4, 我的强调。我认为, 布尔迪厄的讨论也可以用马克思的"形式吸纳"(formal subsumption) 概念来阐明。关于二者间的关联, 我得益于哈里·哈鲁图尼恩 (Harry Harootunian), 哈鲁图尼恩对形式吸纳的讨论是他正在写作的文章《马克思之后的马克思》("Marx After Marx") 的一部分。

26 众所周知, 布尔迪厄批判过德里达的激进哲学, 比如, 追随康德式的 (Kantian) 趣味、美学判断和社会区隔等观念 (以及相伴而来的对人的定义的垄断), 参见 Pierre Bourdieu, "Postscript: Towards a 'Vulgar' Critique of 'Pure'

Critiques," in *Distinction*, 485–500（简短地论及德里达的地方，见第 494—495 页）。虽然我不太同意布尔迪厄的批评，但对其观点的分析需要留待另一个场合，因为我在这一章聚焦的问题是更为严格的德里达对单语主义的论述，这与他的法国殖民主义经验相关。

27 "Le 'manque' n'est pas dans la méconnaissance d'une langue (le français), mais dans la non-maîtrise d'un langage approprié (en créole ou en français)" (Édouard Glissant, Le discours antillais [Paris: Seuil, 1981], 334). 关于格利桑著作的英文翻译，参见 Édouard Glissant, *Caribbean Discourse: Selected Essays*, trans. and introduction by J. Michael Dash (Charlottesville: University Press of Virginia, 1989)。

28 Bourdieu, *Algeria 1960*, 116.

29 正如德里达所言，"关于欧洲的、西方的以及所谓的希腊－欧洲的（Greco-European）哲学思想方面，我所有工作的目标……肯定不可能在我的私人史中完成，我不是那种生活在欧洲边缘的儿童，比如地中海地区的（Mediterranean）某一个儿童，他确实既不属于法国人也不属于非洲人。他大部分时间都在一种文化和另一种文化之间不停迁移，想找到他心中关于自己何以如此不稳定的那类问题的答案……让我长期感兴趣的每一件事情，关于书写、踪迹以及西方形而上学的解构……所有这些都不得不以另一个地方作为参照，这个场所和语言对我而言是陌生的或被禁止的。"（见 Chérif, *Islam and the West*, 31-32）

30 Bourdieu, *Algeria 1960*, 116，布尔迪厄的强调。

31 "Parce que la langue n'est pas son bien naturel, par cela même il peut historiquement, à travers le viol d'une usurpation culturelle, c'est-à-dire toujours d'essence coloniale, feindre de se l'approprier pour l'imposer comme 'la sienne'. C'est là sa croyance, il veut la faire partager par la force ou par la ruse, il veut y faire croire, comme au miracle, par la rhétorique, l'école ou l'armée" (*Le monolinguisme*, 45).

32 "Je ne peux pas, là encore, analyser de front cette politique de la langue et je ne voudrais pas me servir trop facilement du mot colonialisme'. Toute culture est originairement coloniale... Toute culture s'institue par l'imposition unilatérale de quelque politique' de la langue. La maîtrise, on le sait, commence par le pouvoir de nommer, d'imposer et de légitimer les appellations" (*Le monolinguisme*, 68).

33 德里达不愿意把某种特定的文化作为他提出的问题的可靠"答案"，这可以在纪录片《德里达》的一个发人深思的时刻得到证实（参看注释18）。在那个片段中，德里达回忆了他童年时期在阿尔及利亚经历过的种族主义和反犹主义（anti-Semitism）。德里达说，那段经验的矛盾之处在于，被驱逐出法语学校（因而也被驱逐出了法国性［francité］）之后，他被关在了犹太人社区，但他没有感到开心或者舒服——他的某部分自我拒绝与那个社群团结起来（作为一种解决问题的方案）。

34 "Il n'est pas possible de parler hors de cette promesse... qui donne, mais en promettant de la donner, une langue, l'unicité de l'idiome. Il ne peut être question de sortir de cette *unicité sans unité*. Elle n'a pas à être opposée à l'autre, ni même distinguée de l'autre. Elle est la monolangue *de* l'autre. Le *de* ne signifie pas tant la propriété que la provenance: la langue est à l'autre, venue de l'autre, *la* venue de l'autre"(Le monoliguisme, 127).

35 "Il revient toujours à une langue d'appeler l'ouverture hétérologique qui lui permet de parler d'autre chose et de s'adresser à l'autre" (*Le monolinguisme*, 129).

36 Abdelkebir Khatibi, *Love in Two Languages*, trans. Richard Howard (Minneapolis: University of Minnesota Press, 1990), 67.

37 Abdel-Jaouad, "Derrida's Algerian Anamnesis," 268.

38 "Il est impossible de compter les langues" (*Le monolinguisme*, 55). 酒井直树（Naoki Sakai）以同样的理路质问："如果翻译是必要的，那么，语言的多样性就可以通过数据上的测量，致使人们去假定语言是可数的吗？如果一种语言与另一种语言或其他一些语言都没有关联，那么，构成其独一性的单位又是什么？" (*Translation and Subjectivity: On "Japan" and Cultural Nationalism*, foreword by Meaghan Morris [Minneapolis: University of Minnesota Press, 1997], 3)

39 "L'Un d'une langue, qui échappe à toute comptabilité arithmétique, n'est jamais déterminé. Le Un de la

monolangue dont je parle, et celui que je parle, ne sera donc pas une identité arithmétique, ni même une identité tout court. La monolangue demeure donc incalculable, en ce trait du moins" (*Le monolinguisme*, 55).

40 比如，关于该情形的翔实讨论，可参见 Bensmaïa, "La langue de l'étranger ou la Francophonie barrée"。

41 Glissant, *Caribbean Discourse*, 249, 我的强调。

42 Jacques Derrida, *The Other Heading: Reflections on Today's Europe*, trans. Pascale-Anne Brault and Michael B. Naas, introduction by Michael B. Naas (Bloomington: Indiana University Press, 1992), 10–11.

二 不像说母语者：言语的后殖民场景和外来语的接近性

1 参看 Rey Chow, *The Protestant Ethnic and the Spirit of Capitalism* (New York: Columbia University Press, 2002), 特别是第三章。

2 语言间的存在空间在虚构作品中被戏剧化，比如阿卜杜勒克比尔·哈提比的 *Love in Two Languages*, trans. Richard Howard (Minneapolis: University of Minnesota Press, 1990), 不同作家在他们的自传性写作中对此进行了探讨，见 *Lives in Translation: Bilingual Writers on Identity and Creativity*, ed. Isabelle de Courtivron (New York: Palgrave Macmillan, 2003)。

3 参见 Pierre Nora, "Between Memory and History: Les Lieux

de Mémoire," *Representations* 26 (Spring 1989): 7–25。诺拉（Nora）对比了记忆环境和记忆场所（lieux de mémoire）。

4. Chinua Achebe, "The African Writer and the English Language," in *Colonial Discourse and Postcolonial Theory: A Reader*, ed. Patrick Williams and Laura Chrisman (New York: Columbia University Press, 1994), 434, 阿切贝（Achebe）的强调。这篇文章最初收在阿切贝的著作 *Morning Yet on Creation Day* (New York: Anchor/Doubleday, 1975), 91–103。关于阿切贝著作的权威研究，参见 Simon Gikandi, *Reading Chinua Achebe: Language and Ideology in Fiction* (London: James Currey; Nairobi: Heinemann Kenya, 1991)。

5. Achebe, "The African Writer and the English Language," 434.

6. Ngũgĩ wa Thiong'o, "The Language of African Literature," in *Colonial Discourse and Postcolonial Theory*, ed. Williams and Chrisman, 439. 这篇文章最初收在恩古吉（Ngũgĩ）的著作 *Decolonizing the Mind: The Politics of Language in African Literature* (London: James Currey, 1986), 4–32。有关恩古吉著作的权威研究，参见 Simon Gikandi, *Ngũgĩ wa Thiong'o* (Cambridge: Cambridge University Press, 2000)。

7. "不说自己的母语。与共鸣共处，思考脱离身体的夜间记忆和苦乐参半的童年沉睡。忍受自己像一个秘密的墓穴或智力障碍的孩童——珍贵而无用——过去的语言萎缩了，但从未离开你。"克里斯蒂娃的结论非常令人沮丧和悲观：

"所以，你在两种语言之间的领域是沉默。通过用不同的方式言说事物，个体像他者一样陈腐，只是接近，直至最终不再言说事物。" (Julia Kristeva, *Strangers to Ourselves*, trans. Leon S. Roudiez [New York: Columbia University Press, 1991], 15; *Étrangers à nous-mêmes* [Paris: Librairie Arthème Fayard, 1988], 27–28)

8 Ngũgĩ, "The Language of African Literature," 437–38.

9 Ibid., 438，我的强调。

10 Ibid., 440–41.

11 Ibid., 441，我的强调。

12 关于爪哇语、缅甸语和马来语之间一项有趣的比较研究，也强调了特殊性的观念，可以作为理解语境基础上的言语的方法，参见 A. L. Becker, *Beyond Translation: Essays Toward a Modern Philology* (Ann Arbor: University of Michigan Press, 1995), 71–87, 367–426。贝克（Becker）这样论证："我们自己的语言是如此难以捉摸的事物。'它'是我们所拥有的最私人的东西，在这个意义上，我们所有的动作、语音和语言记忆的特殊性对我们每个人而言，都是独一无二的，但'它'在很大程度上又是继承而来的，形塑于与他人的互动。"（第 13 页）

13 亦可参见阿切贝后来的文章 "Politics and Politicians of Language in African Literature"（1989），他在文章中重申了自己在英语和非洲语言写作方面与恩古吉论争时的立场。该文收入 Chinua Achebe, *The Education of a*

British-Protected Child: Essays (New York: Knopf, 2009), 96–106。

14 Ngũgĩ, "The Language of African Literature," 443.
15 Achebe, "The African Writer and the English Language," 433, 阿切贝的强调已删除。
16 Ngũgĩ wa Thiong'o, "Translated by the Author: My Life in Between Languages," *Translation Studies* 2.1 (2009): 18.
17 这让人想起一个可资比较的情形,在法国的阿尔及利亚,阿拉伯语作为一种"选修的外语"一般被用于研究,参见 Jacques Derrida, *Monolingualism of the Other; or, the Prosthesis of Origin*, trans. Patrick Mensah (Stanford, Calif.: Stanford University Press, 1998), 37–38。参看我在第一章对该问题的讨论。
18 Naoki Sakai, *Translation and Subjectivity: On "Japan" and Cultural Nationalism*, foreword by Meaghan Morris (Minneapolis: University of Minnesota Press, 1997), 21.
19 关于与后殖民文化翻译相关的忧郁,第三章有更详细的讨论。
20 关于该问题,有学者通过分析视觉媒体中的字幕和文字说明的复杂政治意义,提供了一个内容翔实的探讨,可参看章节 "Leftovers of Film and Television Subtitles in a Transnational Context," in Kwaicheung Lo, *Chinese Face-Off: The Transnational Popular Culture of Hong Kong* (Urbana: University of Illinois Press, 2005), 46–75。

21 Walter Benjamin, "On Some Motifs in Baudelaire," in *Illuminations*, ed. and introduction by Hannah Arendt, trans. Harry Zohn (New York: Schocken, 1969), 186. 括号中的德语引文来自 Walter Benjamin, *Illuminationen: Ausgewählte Schriften* (Frankfurt: Suhrkamp Taschenbuch, 1977), 221。在翻译这一段的第一句时,佐恩(Zohn)引入的"practiced hand",在本雅明的原文里面是没有的。一个新近的译本对第一句是这样处理的:"如果我们把灵晕认定为一种存在于非意愿记忆(mémoire involontaire)中无拘无束的联想,它们倾向于聚拢在感知对象的周围,如果我们把那些联想称为感知对象的灵晕,那么,附着在感知对象上的灵晕,准确地说就相当于经验(Erfahrung),而对于使用对象来说,灵晕则把自身铭刻(inscribes itself)在长期的使用中。"(*Walter Benjamin: Selected Writings*, vol. 4: 1938–1940, trans. Edmund Jephcott and others, ed. Howard Eiland and Michael W. Jennings [Cambridge, Mass.: Harvard University Press, 2003], 337)但是,在我引用的其他两段文字(参看注释22和23)中,本雅明的文本没有提到陶工的手,这在方括号里面的德语段落中很明显。我猜想,导致佐恩在第一段译文中采用短语"practiced hand"的,正是这些反复的联想,即使德语原文仅用了实践(Übung)一词。

冒着行文冗赘的风险,容我表达一下我看到的重要问题。本雅明在描述经验时依据的是人类长期使用某物**留下**

的痕迹（所以，上面那个新近的英文译本在处理这一段时，颇具意味地采用了重要的短语"inscribes itself"）。某物因长期使用而留下的痕迹就是本雅明所谓的"实践"，他由此联想到机械复制时代那些通过不断触摸的手制成的物件正逐渐由机器来完成。虽然本雅明讨论的大部分内容可以被理解为文化传承，但是通过手工痕迹的特殊联想，这里更多是在强调一种沉积物（留下的遗迹），就好像是一种传播（传递）。这种身体印记模糊不清，以匿名的方式经久不散，而且根据传递条件发生变化，这个特征是本雅明引人入胜的分析的焦点所在，在本章"语言的获得"部分，我把本雅明的焦点延展到福柯的"陈述"概念上。

22 Benjamin, "On Some Motifs in Baudelaire," 159；德语句子来自 Benjamin, *Illuminationen*, 189。

23 Walter Benjamin, "The Storyteller: Reflections on the Works of Nicolai Leskov," in *Illuminations*, 92；德语句子来自 Benjamin, *Illuminationen*, 393。

24 Walter Benjamin, "The Work of Art in the Age of Mechanical Reproduction," in *Illuminations*, 237. 也可参看一个相关的探讨 Walter Benjamin, "A Small History of Photography," in *One-Way Street and Other Writings*, trans. Edmund Jephcott and Kingsley Shorter (London: Verso, 1979), 240–57。

25 Michel Foucault, *The Archaeology of Knowledge and the Discourse on Language*, trans. A. M. Sheridan Smith (New York: Pantheon, 1972).

26 Michel Foucault, *Foucault Live: Collected Interviews, 1961–1984*, trans. Lysa Hochroth and John Johnston, ed. Sylvère Lotringer (New York: Semiotext[e], 1989), 65–66, 福柯的强调。

27 查尔斯·鲁阿斯（Charles Ruas）做这个访谈时距离福柯去世仅九个月。参见 Michel Foucault, *Death in the Labyrinth: The World of Raymond Roussel*, trans. Charles Ruas, introduction by James Faubion, postscript by John Ashbery (New York: Continuum, 2004), 171–88。法比昂（Faubion）写道："鲁塞尔（Roussel）借助词语、短语和句子的'现成的'以及人造的性质，对语言的预先构成性进行了长期思考，这影响了福柯对话语的概念化，即已经被言说的'发音'、词、短语、句子和作为思想本身的语言的沉积物碎片。"（"General Introduction," xiii）

28 Ibid., 179, 我的强调。

29 Foucault, *The Archaeology of Knowledge*, 49, 福柯的强调。

30 Ibid., 80, 84, 84, 86, 86（我的强调），87（我的强调）。

31 Gilles Deleuze, *Foucault*, trans. Seán Hand, foreword by Paul Bové (Minneapolis: University of Minnesota Press, 1988), 13–14, 我的强调。

32 比如，可参看 Mikhail Bakhtin, *Problems of Dostoyevsky's Poetics*, ed. and trans. Caryl Emerson, introduction by Wayne C. Booth (Minneapolis: University of Minnesota Press, 1984)。虽然关于该问题更长的探讨需要延后进行，但这里

要说明的是，巴赫金的复调或对话观念是被存在主义斗争的意义所激活的（比如，发生在作者与人物、人物与人物之间的斗争，正如他对陀思妥耶夫斯基 [Dostoyevsky] 作品的研究所展示的那样）。而对本雅明和福柯来说，问题的症结恰恰在于那些匿名他者在岁月流逝中留下的类物的（objectlike）、消音的或常常不易得的踪迹。

33 Michel Foucault, "What Is an Author?" in *The Foucault Reader*, ed. Paul Rabinow (New York: Pantheon, 1984), 119–20.

34 Michel Foucault, "On the Archaeology of the Sciences: Response to the Epistemology Circle," in *The Essential Foucault: Selections from Essential Works of Foucault, 1954–1984*, ed. Paul Rabinow and Nikolas Rose (New York: New Press, 2003), 402, 我的强调。

35 Ibid., 422.

36 相关问题，可参见原初语言观念论争的系列专题论文 "Original Languages: An ACLA Forum," *Comparative Literature* 65.1 (2013): 1–45。

37 Jing Tsu, *Sound and Script in Chinese Diaspora* (Cambridge, Mass.: Harvard University Press, 2010), 47；亦可参看第 1、2、4 章和结论部分。

三 翻译者，背叛者；翻译者，哀悼者（或，梦想跨文化对等）

1 巴金:《家》(香港：天地图书，1985)；Pa Chin, *Family*,

trans. Sidney Shapiro, introduction by Olga Lang (New York: Doubleday Anchor, 1972；参看外文出版社 1958 年的版本。

2　比如，在沙博理（Shapiro）的节译本中，这段被删除了。

3　巴金:《家》, 327。（译者注：此页码为香港天地图书版，原引段为作者英译，为便于读者参照，本段中文选自《巴金选集·第一卷》，四川人民出版社，1996，第 326—327 页。）

4　参见 Rey Chow, *Woman and Chinese Modernity: The Politics of Reading Between West and East* (Minneapolis: University of Minnesota Press, 1991), 96–102.

5　正如我们知道的，简·里斯（Jean Rhys）对这个结构的含义做出了清晰的处理，她对《简·爱》中伯莎·梅森（Bertha Mason）的故事做了著名的转译，写成了小说《藻海无边》*Wide Sargasso Sea*，首版于 1966 年）(New York: Norton, 1982)。

6　关于当代翻译和双语或多语主义的研究，富于启发性的例子可参看 Naoki Sakai, *Translation and Subjectivity: On "Japan" and Cultural Nationalism*, foreword by Meaghan Morris (Minneapolis: University of Minnesota Press, 1997); Lawrence Venuti, *The Scandals of Translation: Towards an Ethics of Difference* (New York: Routledge, 1998); Doris Sommer, *Bilingual Aesthetics: A New Sentimental Education* (Durham, N.C.: Duke University Press, 2004); Emily Apter, *The Translation Zone: A New Comparative Literature*

(Princeton, N.J.: Princeton University Press, 2006); the collection *Profession 2010* (New York: Modern Language Association of America, 2010); and Sherry Simon, *Cities in Translation: Intersections of Language and Memory* (New York: Routledge, 2012)。当然，这只是这个急速扩张的分支领域的一份小小的清单，而且非常不完整。

7 James Clifford, *The Predicament of Culture: Twentieth-Century Ethnography, Literature, and Art* (Cambridge, Mass.: Harvard University Press, 1988), 8.

8 关于翻译的各种可能类型的经典探讨（语内翻译或"改写［rewording］"；跨语际翻译或"真正的翻译"；符际翻译或"转化"），参看 Roman Jakobson, "On Linguistic Aspects of Translation," in *On Translation*, ed. Reuben A. Brower (Cambridge, Mass.: Harvard University Press, 1959), 232–39。

9 Clifford, *The Predicament of Culture*, 8, 289.

10 有关翻译作为交流的观念，在一部内容翔实的论文集的标题中就得到了强调，该论文集以中西语言的媒介化遭遇为主题，见 Lydia H. Liu（刘禾）, ed., *Tokens of Exchange: The Problem of Translation in Global Circulations* (Durham, N.C.: Duke University Press, 1999)。

11 可以参看德·曼和德里达对沃尔特·本雅明常被提及的论文《论译者的任务》("The Task of the Translator")的讨论，如 Paul de Man, "'Conclusions': Walter Benjamin's

'The Task of the Translator,' " in *The Resistance to Theory*, foreword by Wlad Godzich (Minneapolis: University of Minnesota Press, 1986); Jacques Derrida, "Des Tours de Babel," trans. Joseph F. Graham, in *Difference in Translation*, ed. Joseph F. Graham (Ithaca, N.Y.: Cornell University Press, 1985), 165–207, 209–48, and *The Ear of the Other: Otobiography Transference Translation*, trans. Peggy Kamuf (Lincoln: University of Nebraska Press, 1988), 93–161。我对德里达和德·曼有关后殖民、后现代脉络中的文化生产的阅读的探讨，见 Rey Chow, *Primitive Passions: Visuality, Sexuality, Ethnography, and Contemporary Chinese Cinema* (New York: Columbia University Press, 1995) 的第三部分。

12 Lydia H. Liu, "The Question of Meaning-Value in the Political Economy of the Sign," in *Tokens of Exchange*, ed. Liu, 34–35. 尽管存在这些权力关系，刘禾还是建议，在翻译"被支配者"的语言和"支配者"的语言的过程中应该从合著身份去审视。参看刘禾的论文，特别是第34—37页。

13 在非洲这样的地方，那些权利被剥夺了的人仍然将欧洲意义上的现代生活视为是正当的。关于这一点的富于说服力的论述，参见 Simon Gikandi, "Globalization and the Claims of Postcoloniality," *South Atlantic Quarterly* 100.3 (Summer 2001): 627–58。

14 Sigmund Freud, "Mourning and Melancholia," in *Collected Papers*, vol. 4, trans. Joan Riviere (New York: Basic Books,

1959), 152–70.

15 参见 Judith Butler, *Gender Trouble: Feminism and the Subversion of Identity* (New York: Routledge, 1990)，特别是该书第一部分。

16 Anne Anlin Cheng, *The Melancholy of Race* (Oxford: Oxford University Press, 2001).

17 Ibid., 10.

18 参见 David L. Eng, *Racial Castration: Managing Masculinity in Asian America* (Durham, N.C.: Duke University Press, 2001); Ranjana Khanna, *Dark Continents: Psychoanalysis and Colonialism* (Durham, N.C.: Duke University Press, 2003). See also *Loss: The Politics of Mourning*, ed. David L. Eng and David Kazanjian, afterword by Judith Butler (Berkeley: University of California Press, 2003)。

19 相比之下，保罗·吉尔罗伊（Paul Gilroy）在援引忧郁这一术语时，批评它是一种后帝国式的怀旧。参见 *Postcolonial Melancholia* (New York: Columbia University Press, 2005)。另一个批判性反思，参见 Wendy Brown, "Resisting Left Melancholy," in *Loss*, ed. Eng and Kazanjian, 458–65。布朗（Brown）认为，尽管忧郁设定了一个进步的目标，但拥抱忧郁的姿态，特别是在左翼群体那里，可能导致潜在的保守和自我解构。对该问题感兴趣的读者，还可以参看 Slavoj Žižek, "Melancholy and the Act," *Critical Inquiry* 26.4 (2000): 657–81。

20 Paul Gilroy, *After Empire: Melancholia or Convivial Culture?* (London: Routledge, 2004). 吉尔罗伊对欢乐的讨论，也可以在 *Postcolonial Melancholia* 中看到。

21 茨维坦·托多洛夫（Tzvetan Todorov）提供了一个令人耳目一新的案例。他引人入胜地记述了阔别十八年后重返保加利亚（Bulgaria）的感受。因为同时擅长法语和保加利亚语（Bulgarian），他的这种双语能力使其体验到不适和心理压迫，参见 "Dialogism and Schizophrenia," trans. Michael B. Smith, in *An Other Tongue: Nation and Ethnicity in the Linguistic Borderlands*, ed. Alfred Arteaga (Durham, N.C.: Duke University Press, 1994), 203–14。

22 Harry Harootunian, "Memories of Underdevelopment' After Area Studies," *positions* 20.1 (2012): 16. 哈鲁图尼恩（Harootunian）指出，最近的（不同版本的身份研究中）本土转向在研究他者文化时，倾向于复制区域研究的旧范式中悬而未决的问题。

23 比如 Sakai, *Translation and Subjectivity*, 52。

24 Paul Ricoeur, *On Translation*, trans. Eileen Brennan, introduction by Richard Kearney (London: Routledge, 2006), 23, 23, 22, 均为利科的强调。

25 Richard Kearney, "Introduction: Ricoeur's Philosophy of Translation," in ibid., xx.

26 利科的对等观念应该与动态关联性和认知安逸性（cognitive easefulness）区别开来，后者为很多理论家所倡导，且被认为是进入翻译的恰当途径。对这些观念简明扼要的讨论，参看 Lawrence Venuti, "Introduction," *Critical Inquiry* 27.2 (2001): 169–73。韦努蒂（Venuti）的讨论是德里达论文《什么是"相关的"翻译》（"What Is a 'Relevant' Translation?"）的一个精彩导读，"What Is a 'Relevant' Translation?" trans. Lawrence Venuti, *Critical Inquiry* 27.2 (2001): 174–200。通过阅读莎士比亚的《威尼斯商人》，以及黑格尔（Hegel）的术语"扬弃"（Aufheben 和 Aufhebung）被翻译成的法语 relever 和 relève，德里达建议，所谓"相关的"（relevant）翻译应该被视为一种提升和置换，以保留或调节翻译过程中被否认和破坏的内容（因而带出了甚至比原文更好的趣味和品质）。

27 Ricoeur, *On Translation*, 35, 利科的强调。

28 Johannes Fabian, "If It Is Time, Can It Be Mapped?" 这是费边（Fabian）为伊维塔·泽鲁巴维尔（Eviatar Zerubavel）的 *Time Maps: Collective Memory and the Social Shape of the Past* (Chicago: University of Chicago Press, 2003) 撰写的书评，见 *History and Theory* 44 (February 2005): 119 n. 13。也可以参见 Johannes Fabian, *Time and the Other: How Anthropology Makes Its Object* (New York: Columbia University Press, 1983)。

29 Chinua Achebe, "An Image of Africa," in *Fictions of Empire:* Heart of Darkness, *Joseph Conrad;* The Man Who Would Be King, *Rudyard Kipling; and* The Beach of Falesá,

Robert Louis Stevenson, ed. John Kucich (Boston: Houghton Mifflin, 2003), 375. 阿切贝的论文最初发表在 *Massachusetts Review: A Quarterly of Literature, the Arts and Public Affairs* 18 (1977): 782–94。

30　Ibid., 374.

31　Ibid., 378，我的强调。

32　在这一点上，我认为纳塔莉·梅拉斯（Natalie Melas）的下面这段话十分中肯，尤其是在我把"比较"和"比较文学学者"这两个词（出于当前讨论的目的）替换为"跨文化翻译"和"跨文化译者"时："如果文化是一种界限，它仅仅在两个独立实体接触时才出现，且这种界限不会把文化封闭在主体模式里面，而是反向地把其中的单一个体划掉，那么比较作为界限的共同面貌，就可以被想象为一种阐释行动。这种行动来自界限，而不是来自行动之外的权威和超越性立场。这样一位比较文学学者的立场与文化的界限和局限是密不可分的。"（*All the Difference in the World: Postcoloniality and the Ends of Comparison* [Stanford, Calif.: Stanford University Press, 2007], 103; 也可以参看第85—90页，该部分就阿切贝对康拉德的批评所引发的争论做出了深刻的评价，还对阿切贝的论文进行了精准的分析）

33　Jacques Derrida, *Monolingualism of the Other; or, The Prosthesis of Origin,* trans. Patrick Mensah (Stanford, Calif.: Stanford University Press, 1998), 7, 8, 10, 以及整本书。参见第一章或德里达著作的一个扩展性讨论。

34 Derek Walcott, "The Antilles: Fragments of Epic Memory," in *What the Twilight Says* (New York: Farrar, Straus and Giroux, 1998), 75–77.

四 以食运思，反写中心：梁秉钧和马国明的后殖民写作

1 梁秉钧：《诗·越界·文化探索》，羁魂访谈，《诗双月刊》（1997年10月1日），第39—40页，我的强调。除了有特殊说明的地方，所有中文作品的英文引文都是我翻译的。通常在我认为对某些读者有帮助的地方，我会选择性地提供部分作品内容的原文；除此之外，我也提供了中文引文的拼音或粤语注音。

2 这些诗歌和其他作品收入 Leung Ping-kwan, *Travelling with a Bitter Melon: Selected Poems (1973–1998)*, ed. Martha P. Y. Cheung（张佩瑶），foreword by Rey Chow（周蕾）（Hong Kong: Asia 2000 Limited, 2002）。梁秉钧其他作品的一些例子，可参看文集《昆明的除夕》（香港：牛津大学出版社，2002）；《也斯的香港》（香港：三联书店，2005）；*Islands and Continents: Short Stories by Leung Ping-kwan*, ed. John Minford with Brian Holton and Agnes Hung-chong Chan (Hong Kong: Hong Kong University Press, 2007); *Shifting Borders: Poems of Leung Ping Kwan*, trans. Christopher Kelen, Leung Ping Kwan, Song Zijiang, and Debby Sou (Macao: Association of Stories in Macao, 2009)。

3　Leung,"在峰景酒店" / "At Bela Vista," trans. Martha Cheung, in *Travelling with a Bitter Melon*, 264–65.

4　关于该文学和文化传统的深度分析，参看 Gang Yue（乐钢）, *The Mouth That Begs: Hunger, Cannibalism, and the Politics of Eating in Modern China* (Durham, N.C.: Duke University Press, 1999).

5　张爱玲:《秧歌》(1954；台北：皇冠出版社，1968）; Eileen Chang, *The Rice Sprout Song* (New York: Scribner's, 1955)，重新发行的版本由王德威（David Der-wei Wang）作序（Berkeley: University of California Press, 1998）。

6　陈凯歌:《黄土地》（广西电影制片厂，1984）；苏童:《米》（香港：天地图书，1991）；余华:《活着》（香港：博益出版［集团］有限公司，1994）; Guanlong Cao（曹冠龙）, *The Attic: Memoir of a Chinese Landlord's Son*, trans. Guanlong Cao and Nancy Moskin (Berkeley: University of California Press, 1996)。

7　Koon-chung Chan（陈冠中）, "Hong Kong Viscera," in "Hong Kong: Ten Years After Colonialism," ed. Kwai-cheung Lo（罗贵祥）and Laikwan Pang（彭丽君）, special issue of *Postcolonial Studies* 10.4（2007）: 383.

8　关于梁秉钧对香港语言使用情况的自传性评论，可以参见对他的访谈《历史的个人，迂回还是回来：与梁秉钧的一次散漫访谈》,《香港十年》，叶辉编,《今天》特辑 77.2（2007）: 8—34；特别参看第 20 页。

9　Leung, "青蠔與文化身份" / "Mussels in Brussels," trans. Martha Cheung, in *Travelling with a Bitter Melon*, 232–35.

10　对消费在本质上是被动的这一观点的持续批判，参见 Michel de Certeau, *The Practice of Everyday Life*, trans. Steven Rendall (Berkeley: University of California Press, 1984)。

11　Leung, "茄子" / "Eggplants," trans. Martha Cheung, in *Travelling with a Bitter Melon*, 244–47.

12　Leung Ping-kwan, "新加坡的海南雞飯" / "Hainanese Chicken Rice (Singapore Version)," in "Tasting Asia 亞洲的滋味 (12 Poems)," *Modern Chinese Literature and Culture* 17.1 (2005): 9.

13　Leung, "一所波蘭餐館" / "A Restaurant in Poland," trans. Glen Steinman, in *Travelling with a Bitter Melon*, 196–97.

14　编者和译者张佩瑶评论道："在梁秉钧所有的探索中，是好奇心而不是已实现的'模式'和'意义'的伪善政治……使得梁秉钧的旅行动力学成为动态的，梁秉钧的好奇心间或加深了他对具有更严肃意义的问题的关注度。"("Introduction," in Leung, *Travelling with a Bitter Melon*, 29)

15　有关这类对香港的指控，更详尽的批判参见我在 "Things, Common/Places, Passages of the Port City: On Hong Kong and Hong Kong Author Leung Ping-kwan" 中对梁秉钧的写作的讨论，已收入我的专著 *Ethics After Idealism: Theory–Culture–Ethnicity Reading* (Bloomington: Indiana

University Press, 1998), 168–88。这篇文章的较早版本发表于 *differences: A Journal of Feminist Cultural Studies* 5.3 (1993): 179–204。

16 有关对香港文化的刻板印象,富于洞见的探讨可参看张佩瑶的导论,见 *Hong Kong Collage: Contemporary Stories and Writing*, ed. Martha P. Y. Cheung (Hong Kong: Oxford University Press, 1998), ix–xiii。

17 关于这一点,最好的例子是 1997 年前后西方印刷媒体上随处可见的香港"交接"的报道,这些媒体包括 *New York Times*, *Time*, *Newsweek*, *The Economist*, *The New Republic*, *Film Comment* 和 *Public Culture* 以及很多其他类似的半学术刊物。尽管很早就有一部中文论争文集(其知识渊博的作者们从主流历史视角展开讨论),但许多住在香港的说粤语的作者仍然完全依赖英文资料撰写相关报道。如果他们讨论的是关于法国、德国、英国或美国的话题,这种连基本的研究都无法胜任的情况,毫无疑问将使这些作者失去讨论该话题的资格,而且其信誉会遭到严厉质疑。然而,一说到香港,这些作者们的无能就被轻易地忽视,且被国际公众认为是可以接受的了。对固着在香港消费主义表述态度中的偏见,有关探讨参见 Rey Chow, "King Kong in Hong Kong: Watching the 'Handover' from the USA," *Social Text* 55 (Summer 1998): 93–108。

18 弗雷德里克·詹明信(Fredric Jameson)把当下的全球消费主义描述为"源于北美的",是"美国如今势不可挡的首要性、'美国生活方式'以及美国大众媒体文化"带来的结果。詹明信写道:"这种**消费主义**是我们的经济体系和日常生活模式下生成的关键物,所有大众文化和娱乐工业以历史上前所未有的态势,用形象和媒体轰炸,日复一日不停地驯化我们。"("Notes on Globalization as a Philosophical Issue," in *The Cultures of Globalization*, ed. Fredric Jameson and Masao Miyoshi [Durham, N.C.: Duke University Press, 1998], 64, 詹明信的强调)詹明信的观点显然是可靠的,但似乎强调特殊的历史环境同样重要,比如香港加入到全球消费主义当中,并使之复杂化。在这个当口,去了解一些香港作家和文化工作者变得至关重要。

19 也斯(梁秉钧):《后记:蔬菜的言语》,载《城市笔记》(台北:东大图书公司,1987),第245页。

20 梁秉钧:《圆圈和锁的外面》,载《城市笔记》,第211页。

21 参看马国明《路边政治经济学》(香港:曙光图书公司,1998;修订版见香港:进一步多媒体有限公司,2009)中的文章。也可以参看马国明的自传性散文《荃湾的童年》,载《今天》1.28 (1995): 211—29。除此之外,马国明还写过《从自由主义到社会主义》(香港:青文书屋,1983)和《马国明在读什么》(香港:进一步多媒体有限公司,2004)。

22 马国明:《荃湾的童年》,第219页。

23 马国明:《路边政治经济学》,第13页。当然,马国明不是全球化时代香港城市地理方面唯一的批评家。关于其他详细的讨论，包括关闭并迁移天星码头（Star Ferry Pier）、拆毁皇后码头（Queen's Pier）引发的群体事件，参看周思中《在解殖的街头》和汤祯兆《十年商场两惘惘》。二者都收入《香港十年》中（《今天》特辑 77.2［2007］: 91–100, 167–77）。也可以参看 David Clarke, "Contested Sites: Hong Kong's Built Environment in the Post-colonial Era. A Photo Essay"; Helen Grace, "Monuments and the Face of Time: Distortions of Scale and Asynchrony in Postcolonial Hong Kong"; and Yeung Yang, "In the Name of the Star: A Visual-Textual Diary on the Civil Movements in Pursuit of Preserving the Hong Kong Star Ferry Pier and Clock Tower *in Situ*"。以上均收在 "Hong Kong: Ten Years After Colonialism," ed. Kwai-cheung Lo（罗贵祥）and Laikwan Pang（彭丽君）, special issue of *Postcolonial Studies* 10.4 (2007): 357–77, 467–83, 485–98。

24　Walter Benjamin, *Illuminations*, ed. and introduction by Hannah Arendt, trans. Harry Zohn (New York: Schocken, 1969), 256.

25　参见马国明：《班雅明》（台北：东大图书公司, 1998）。

26　De Certeau, *The Practice of Everyday Life*, 169.

27　在著作《全面都市化的社会》（香港：进一步多媒体有限公司, 2007）中，作者马国明进一步详尽地分析了这些观察，批判了香港在 1997 年后转向"全面都市化的社会"——这个概念借用自亨利·列斐伏尔（Henri Lefebvre）。根据马国明的观点,社会身份建立在平滑、超级高效和追求新异的基础上,所以需要不断拆毁旧建筑,大规模翻新城市,以及贬低平凡的(也即平淡无奇的)谋生方式、经验和记忆。

28 马国明:《路边政治经济学》,第9页。

29 Ibid., 4–5.

30 Ibid., 8.

31 Ibid., 10.

32 Ibid., 12. 格奥尔格·西美尔(Georg Simmel)曾对现代都市公共交通模式如何在身体和基本态度上改变了人际关系进行过描述。马国明在讨论这一点时,对之进行了比较和参照。马国明对小贩的分析,也让我们想起皮埃尔·布尔迪厄对(后)殖民时期的阿尔及利亚卡拜尔商人的论述:他们的传统商业贸易方式开始从属于法国殖民主义治下的资本主义运作,并逐渐为后者所淘汰。参见本书第一章有关布尔迪厄的参考文献。

33 马国明最近有关小贩和其他相关主题的写作,可参看下面这些尚未发表的文章:《告别陈腔滥调》《美食天堂:路边饮食的政治经济学》《不是经济奇迹的香港故事:保卫天星、皇后码头的历史意义》《小贩:拉阔香港民主政治的最佳盟友》。在此,我对马国明分享这些文章致以深深的谢意。

34 西方风俗中常常把肉做成"半熟",而不是"全熟"。这属于专业的烹饪知识,而且明显使事情更复杂了。但我相信,我对"熟悉"和消费之间的"融合"的总体看法仍是有效的。

35 关于历史编纂学(包括庶民研究历史学家的理性主义倾向)

的一个有趣的批判，参看 Dipesh Chakrabarty, "Minority Histories, Subaltern Pasts," *Postcolonial Studies: Culture, Politics, Economy* 1.1 (1998): 15–29。

36 关于马国明对香港语言政治的（非本地主义且非民族主义的）观点，可参看其论文《国际化与语文政策》《令大学头疼的中文》，中文大学校友关注大学发展小组编，2007，第99—106页，http:// www.cuhkalumniconcern.com。

37 与那些提供了畅销的香港文化产品（比如动作和武打影片、通俗小说、流行音乐、肥皂剧、通俗小报）的人不同，梁秉钧和马国明属于文化工作者群体，他们的受众相对少一些，常常是一些受过良好教育的文学读者、批评家和西方哲学理论读者。他们的作品在知识界被阅读，且都得到了学养丰富的评论和批判性探讨（比如，报纸专栏、文学期刊和批评文集）。两位作家还以其他方式发挥文化上的影响力。除了英文和中文，梁秉钧的诗歌还被翻译成多种语言。梁秉钧生前获得许多来自香港和海外的荣誉，包括1998年首位受德国政府邀请以访问诗人身份常驻柏林的香港作家，2012年首位被苏黎世大学（University of Zurich）授予荣誉博士学位的香港作家。马国明曾经在香港与他人合作经营了最好的高质量学术书店（位于湾仔的曙光/青文书屋）；多年来，他帮助读者在知识结构上与英文世界不同区域的重要人文社会科学学术出版实现了同步。马国明的写作经常出现在当地的中文媒体上。

38 马国明:《荃湾的童年》，第217页。

39 Chakrabarty, "Minority Histories, Subaltern Pasts," 25.

五 一个香港童年的声音与书写

1 除了少数几个地方,我都同时给出了各种名称、标题和短语的繁体中文、粤语发音和普通话拼音,并附以简略的英文翻译。虽然这种标注方式显得累赘,但我想让读者感受到与本章密切关联的那种多元的听觉和剧本写作状态。

2 冷魂:《慈母泪》(香港:马锦记书局,1958),根据艾雯讲述的广播剧改编。

3 飘扬可能是"丽的呼声"第一个引入对话戏剧形式的人(1951)。后来,她很快就离开了"丽的呼声"和香港广播界。我的这则资料来自周泽雄(即我的父亲)的未刊手稿《艾雯(1931—1989)》。

4 "丽的呼声"刚成立时有两个频道,即银色台和蓝色台,分别用中文和英文广播;早晨七点开始,午夜结束,接收费用是每月十港币。1959年,香港商业电台成立后,"丽的呼声"意识到竞争来了。于是,蓝色台继续用英文广播,银色台则专门播放粤语节目。新开的第三频道金色台则用于播放其他中文节目,包括普通话、上海话和潮州话节目。

5 除了李我,还有喜剧演员邓寄尘、颇受欢迎的讲述人方荣(他们都为"丽的呼声"效力)也拥有大量的听众。李我的太太潇湘也是一名播音员。在1960年代中期之前,她在香港商业电台一直采用单人讲述的方式工作。

6 关于中文书写与口语以及全球华人后裔之间的争议性关系,

最近的研究可以参看 Jing Tsu（石静远），*Sound and Script in Chinese Diaspora*（Cambridge, Mass.: Harvard University Press, 2010）和 *Global Chinese Literature: Critical Essays*, ed. Jing Tsu and David Der-wei Wang（王德威）(Leiden: Brill, 2010）。

7 但这是一种简称，因为我母亲创作和参与制作的广播剧中，还有大量的题材并不限于"爱情与亲情"。比如，1950 年代后期到 1960 年代早期，母亲还在"丽的呼声"时，她曾经负责创作过三部广播连续剧：《人海传奇》（人海傳奇 *Yun hoi juen kei/Renhai chuanqi*）、《夜半奇谈》（夜半奇談 *Yair boon kei taam/Yeban qitan*）和《社会小说》（社會小說 *Sair wui siu* suet/*Shehui xiaoshuo*）。

8 鲁道夫·阿恩海姆（Rudolf Arnheim）首版于 1936 年的经典作品 *Radio*，虽然讨论的是广播的早期阶段，但仍然是一份对媒介细节有着深刻洞见的文献。参看 Rudolf Arnheim, *Radio*, trans. Margaret Ludwig and Herbert Read (New York: Arno Press, New York Times Press, 1971)。

9 比如，我们可以参看 Jacques Derrida, *Voice and Phenomenon: Introduction to the Problem of the Sign in Husserl's Phenomenology*, trans. Leonard Lawlor (Evanston, Ill.: Northwestern University Press, 2011)。关于广播所独有的一套复杂的发音方式和当代欧洲哲学与理论之间令人困扰的关系，参见 John Mowitt, *Radio: Essays in Bad Reception* (Berkeley: University of California Press, 2011)。

10 需要注意的是，当使用英文指涉电波中的虚构现实时，我不得不选择并诉诸一个形象化的词汇，比如单词 illusion（幻象）。同样，我也要指出，使用诸如 scenes（场景）和 scenarios（剧本）等词来描述广播剧的表现方式也不贴切，因为这些词汇属于剧作法领域。精准的描述性和批判性术语的缺乏，也许正说明了广播剧制作的混杂异质。跨越讲故事、戏剧、小说、音乐和声音等领域的广播剧，显然自身并没有一种特定的表达方式，而像是从这些领域中借来的。

11 据我了解，录音带要早于录音钢丝，后者在技术上更为复杂。关于音乐制作中录音带的意义的讨论，伊恩·钱伯斯（Iain Chambers）提供了一个很有帮助的描述：

对未来而言，最重要的一条讯息在 1948 年底出现了。那时，录音带首次得以应用。

它使录音过程具有灵活性……1950 年代早期广泛采用的录音带取代了直接在涂漆铝盘上录音的方式……早期的录音方式下，音乐演出的效果很差，而且错误百出，造价不菲的铝盘因而被淘汰。人们没有动力去探究电力录音的特殊潜力，而只想尽可能快捷而经济地使用录音室。另一方面，录音带也允许同一段内容反复多次录制，直至满意的"录音"出现。更重要的是，录音带还可以切割、拼接和剪辑：用于最终发行的录音可能会在录音室中全部进行组合……

　　录音带的出现使录音技术从静态的快照状态转向了音乐蒙太奇。(*Urban Rhythms: Pop Music and Popular Culture*[London: MacMillan, 1985], 14)

12　一个很有帮助而且广为引用的有关幻听及其毕达哥拉斯学派(Pythagorean sect)的古代起源的探讨，参见 Michel Chion, *The Voice in Cinema*, ed. and trans. Claudia Gorbman (New York: Columbia University Press, 1999)，特别是第17—29页和第125—151页。按照希翁(Chion)的观点，"可能令人感到吃惊的是，直到20世纪皮埃尔·舍费尔才首次尝试开发出一种语言来描述声音**本身**"(第17页，英文译本的强调)。他指的是舍费尔的著作 *Traité des objets musicaux* (Paris: Le Seuil, 1966)。我在另一篇文章中，提供了声音作为物的详细讨论，参见 Rey Chow and James A. Steintrager, "In Pursuit of the Object of Sound: An Introduction," in "The Sense of Sound," special issue of *differences* 22.2–3 (2011): 1–9.

13　在此，姆拉登·多拉(Mladen Dolar)的评论值得注意："每一种声音都包含着幻听的部分，之所以这么说，不仅是因为人们经常看不到声音的空间源头而不得不对声音进行设想(更不必说幻听[acousmatic]媒体，所有现代媒体都是以看不见声音源头为基础的)。而且在一个更为明显的意义上，每种声音也是幻听的，即就算人们能看到声音的源头和位置，源头和声效之间的差异仍然存在：声音中总是有更多内容超出了眼睛所能看到的范围。"("The Burrow of Sound," in "The Sense of Sound," special issue of *differences* 22.2–3 [2011]: 131.) 对现代文学、哲学和电影中的声音的系列研究，参看 Mladen Dolar, *A Voice and Nothing More* (Cambridge, Mass.: MIT Press, 2006)。

14 与此相关的是广受欢迎的好莱坞影片《窃听大阴谋》(*The Conversation* [dir. Francis Ford Coppola，1974])，影片主题是都市空间中声音技术、监控和妄想症之间的社会历史关联。

15 在此之前，香港无线广播由政府广播机构主控。在 1950 年代中后期，政府垄断结束后，不同的公司开始竞争商业无线广播的经营权。"丽的呼声"在竞标时输给了香港商业电台。

16 1959 年，"丽的呼声"再次进军香港电视广播业，并改名"丽的映声"(麗的映聲 Lai Dik Ying Sing/Li Di Ying Sheng)，很快于 1967 年失去其垄断权，败给了香港电视广播公司（Hong Kong Television Broadcasting Company），也即直到今天还为人熟知的"无线电视"(無線電視 Mo Seen Deen See/Wuxian Dianshi)。

17 使用过场音乐的做法并不普遍。比如，香港电台可能是依循了英国广播公司的传统，幕间采用声音的逐渐淡出，然后是短暂的无声状态。在香港商业电台，幕间音乐的时间会插播商业广告，而香港电台则不会这么做。

18 电影制作人很在乎市场的大众趣味。因为来自制作人的压力，文学性的标题不得不改得更为通俗，并且朗朗上口。比如，庸俗浅薄的"难为了家嫂"，原来的题目是"粒粒皆辛苦"（粒粒皆辛苦 *Lub lub gai sun fu/Li li jia xinku*），这句诗来自李绅的《悯农》。

19 该事件的冒犯性，就好像一名犹太裔（Jewish）或吉卜赛裔（Roma）导演，让犹太裔或吉卜赛裔演员饰演德国市民在战后的某座曾被美国原子弹摧毁的城市中英勇存活的故事。